ZUSTÄNDE
WIE IM
PARADIES

ZUSTÄNDE WIE IM PARADIES

Eine vergnügliche
Sammlung paradiesischer Zustände,
herausgegeben von

Franz Schrapfeneder

Ein Präsent der

UNIQA

Die Deutsche Bibliothek – CIP-Einheitsaufnahme

Zustände wie im Paradies : Eine vergnügliche Sammlung
paradiesischer Zustände / Franz Schrapfeneder (Hg.).
Mit Beitr. von Alfred Polgar ... – Wien : Brandstätter, 1996
ISBN 3-85447-665-5
NE: Schrapfeneder, Franz [Hrsg.]

1. Auflage 1996
Der Entwurf des Schutzumschlags stammt von Christian Brandstätter,
das Lektorat erfolgte durch Franz Schrapfeneder, die graphische Gestaltung des Werkes
und technische Betreuung durch Franz Hanns.
Die Satzerstellung besorgte das Satzstudio Lothar Schall, Wien,
Druck und Bindung Wiener Verlag, Himberg bei Wien.

ISBN 3-85447-665-5
Christian Brandstätter Verlagsgesellschaft m. b. H.
A-1080 Wien, Wickenburggasse 26, Telephon (++43-1) 408 38 14

Inhalt

* Titel vom Herausgeber

Apropos
Zustände wie im Paradies

Mit der Überreichung dieses Buches möchten wir Ihnen vor allem die allerbesten Genesungswünsche übermitteln. Gleichzeitig hoffen wir auch, daß die Lektüre der einzelnen Geschichten und kurzen Erzählungen Sie zu einem Lächeln, einem Schmunzeln bringen kann – im Glauben an das alte Sprichwort, daß Lachen eine hervorragende Medizin ist.

Wir haben diese Sammlung heiterer Geschichten von bekannten Autoren „Zustände wie im Paradies" genannt, weil sie darin Situationen, Begebenheiten aber auch Gefühle beschreiben, die herkömmlich als freudig, wonniglich, also paradiesisch gelten. Wobei es wohl ebensoviele Betrachtungsweisen vom „Paradiesischen" geben wird wie Betrachter. Was dem einen paradiesisch erscheint, muß es für einen anderen gewiß nicht sein. Und aus diesem „paradiesischen Sammelsurium" entstand das vorliegende Büchlein, das aber bei weitem keine vollständige Aufzählung, vielmehr nur einen Auszug aus der „Paradiesischen Zustands-Palette" bieten kann. Schon Martin Luther meinte: „Das Paradies ist überall."

Freilich gibt es Situationen im Leben, wo das „Paradiesische" sehr weit weg scheint und man meint, es sei für einen selbst unerreichbar geworden. Möglicherweise erleben Sie im Augenblick – im Krankenhaus liegend – eine solche. Wir sind sicher, daß Sie sich derzeit in den besten ärztlichen und pflegerischen Händen befinden. Zweifellos ist jeder bemüht, Ihnen den Krankenhausaufenthalt so angenehm wie möglich zu machen. Und vor allem Ihre Wiederherstellung zügig voranzutreiben. Vielleicht aber können wir darüber hinaus mit dieser heiteren Lektüre dazu beitragen, daß ein vermeintlich grauer

Spitalsalltag weniger grau erscheint und ein bißchen Lesevergnügen über einige „bittere Pillen" hinweghilft.

In diesem Sinne wünschen wir Ihnen gute Unterhaltung bei der Lektüre unseres Buches. Eigentlich sind wir sicher, daß Sie beim Lesen der einen oder anderen Geschichte nicht nur schmunzeln, sondern sogar auch zustimmend nicken werden: „Ja, ja, das kenn' ich, so ist es mir auch ergangen". Paradiesische Zustände sind wohl keinem fremd, in irgendeiner Form hat sie jeder schon einmal erlebt. Und was das Schöne daran ist: sie sind wiederholbar.

Viel Vergnügen wünscht

UNIQA

Anstelle eines Vorwortes

Paradies auf Erden, gibt's das?

DAS LEBEN IM PARADIES, so wie die Bibel darüber berichtet, kann nach dem Erscheinen der Eva nicht mehr sehr lange gedauert haben, höchstens eine Woche vielleicht, wahrscheinlich aber noch viel kürzer, wenn man bedenkt, welch geringer Zeitaufwand nötig ist, die Neugier einer Frau anzustacheln, und wie lange man braucht, um einen Apfel aufzuessen, ganz zu schweigen davon, daß der Schöpfer und Herr des Paradiesgartens natürlich prompt von dem Apfelfrevel erfuhr, ja genaugenommen schon immer davon gewußt hatte. Die daraufhin ebenso prompt erfolgende Vertreibung aus dem Paradies mit allen ihren negativen Folgen war dann wohl nur mehr eine Sache von Stunden.

Es war also nur ein Kurzidyll, jenes Paradies. Aber in uns lebt es weiter, als Wunsch, als Möglichkeit, ganz so wie die Erinnerung an einen „paradiesischen" Urlaub in der Südsee: er ist leider vorbei – aber wiederholbar, sofern das Bankkonto oder der nicht ausgeschöpfte Kreditrahmen es erlauben. Denn das ist ja gerade das Besondere am Paradiesischen für uns Außerparadiesische, daß man es in vielerlei Formen haben oder wiederholen kann. Nicht umsonst reden wir dauernd von einem „Leben wie im Paradies", lesen wir in den Gazetten von Urlaubsparadiesen, Freizeitparadiesen, von Paradiesen für Reiter, Fischer, Briefmarkensammler und so fort.

Der außerparadiesische Haken dabei ist allerdings, daß entweder wir vorher oder andere während unseres paradiesischen Zustands dafür schuften müssen – auch eine der bedauerlichen Folgen jener Vertreibung. Während zum Beispiel der Gourmet im paradiesischen Vorgefühl eines Coq au vin bei Tisch sitzt, werken draußen in der Küche der Küchenchef und seine

Gehilfen im Schweiße ihres Angesichts am Herd. Der Küchenchef allerdings hat diese außerparadiesische Benachteiligung kompensiert, indem er Küchenchef geworden ist, weil er da die anderen für sich arbeiten lassen kann, was er bestimmt paradiesisch findet, und nächste Woche fährt er übrigens auf Urlaub in die Südsee.

Die Kompensierung der Paradiesvertreibungsfolgen ist mittlererweile auf allen Gebieten eingerissen. Weil sich Adam und Eva plötzlich ihrer Nacktheit schämten, gab Gott ihnen Felle, um damit ihre Blößen zu bedecken. Aus diesen Fellen sind inzwischen Nerz und Chinchilla geworden sowie die modischen Hervorbringungen von Leuten wie Nino Cerruti und Yves Saint-Laurent. Und selbst die Scham angesichts der eigenen Nacktheit hat man überwunden. Man umgibt 100 Meter Strand oder Wiese mit einem jede Sicht nehmenden Zaun, zieht sich innerhalb dieser Einfriedung ohne Scheu nackt aus, und der kleine Paradiesgarten ist fertig. Und weil wir Gut und Böse erkennen können, haben wir jetzt im Fernsehen den Derrick und den Tatort, die ohne Gut und Böse in dieser Welt ja sinnlos wären.

Aus alldem geht hervor, daß es das Paradies auf Erden nicht gibt, wohl aber paradiesische Zustände, die leider nicht ewig dauern. Diese haben es längst verdient, einmal näher unter die Lupe genommen zu werden. Hierzu habe ich mich bei unseren anerkanntesten Autoren umgesehen, deren von mir in diesem Buch gesammelten Texte uns ernst, satirisch oder einfach mit Humor Beschreibungen paradiesischer Zustände liefern. Und am Ende der vergnüglichen Lektüre wissen wir mehr über das Paradiesische und könnten uns darüber einig werden, daß ein paradiesischer Zustand erstens für jeden etwas anderes ist, zweitens große Ähnlichkeit mit dem Wetter hat und drittens überhaupt zu den umstrittensten erlebbaren Dingen der Menschen gehört.

Franz Schrapfeneder

PARADIESISCHE ZUSTÄNDE, DIE ALS SOLCHE IM ALLGEMEINEN VON KAUM JEMANDEM BESTRITTEN WERDEN,

z.B.
die Jugend,
die Liebe,
das eigene Dach über dem Kopf,
die Gaumenfreuden,
das gesellige Beisammensein,
die Zufriedenheit.

ALFRED POLGAR

Das Kind

NUN DAS KIND ZUR WELT gekommen ist, haben alle, mit Ausnahme des Neugeborenen, große Freude. Verwandte und Bekannte blicken lächelnd auf das feuerrote, verrunzelte Stückchen Mensch, obschon es doch eigentlich mehr Gefühl des Mitleids wecken sollte, denn es hat von dem Zeitkapital, mit dem es sein Auslangen finden muß, vierundzwanzig Stunden schon verbraucht. „Mc genesthai!" sagt der Weise, nicht geboren werden ist das Beste. Aber wem widerfährt das schon? Unter Millionen kaum einen.

Das Kind quiekt. Not und Unbehagen sind die ersten, die an die noch verschlossene Tür des Bewußtseins klopfen und das Kind durch ihr Klopfen im Schlafe stören. Schreiend erhebt es Klage, Anklage, daß es da ist. Die Erwachsenen, ausgepichte, eingewöhnte Sträflinge des Lebens, empfangen den Zuwachs mit verlegenem Humor. Heuchlerisch fragen sie: „Na, was iserlt denn?", als ob sie nicht ganz genau wüßten, was es iserlt.

Der Vater fordert das Kind mit singenden Schmeicheltönen auf, zu lächeln. Er späht gierig nach diesem Lächeln aus, als nach einem Zeichen, daß das arme Wesen sich mit dem Schicksal, dazusein, abgefunden habe. „Na, so lach' doch ein bißchen" heißt soviel wie: Zeige doch, daß du mir verzeihst, dich in die Gemeinschaft der Lebenden gestoßen zu haben. Vaterliebe ist zum Teil Schuldgefühl gegen das Geborene. Aber natürlich ist dieses Gefühl in den Vätern bis zur Unmerklichkeit verkapselt, zurückgedrängt vom Schöpferstolz, obgleich ja, an der mütterlichen Leistung gemessen, des Vaters kurze Arbeit zum Werden der Kreatur nicht gar so imponierend ist.

Haust schon eine Seele in dem planvoll organisierten Zellenhäufchen? Waren die guten Feen schon da, die die Gaben, und die bösen Magier, die die ersten Komplexe bringen? Die kleine Maschine ist in vollem Betrieb; das Herz schlägt, das Blut wandert, die Drüsen sezernieren, die Lungen schaffen Kohlendioxyd ins Freie, und die winzigen Fingerchen, Zinken einer Puppenküchengabel, schließen sich um den Finger des gerührten Vaters. Das Kind greift nach dem, was es erreichen kann. Siehe, ein Mensch!

Wenn es zum ersten Male die Augen aufschlägt, da vollzieht sich Neugeburt des Alls durch das Neugeborene. Es öffnet der Welt Pforten, durch die sie einzieht, um zu sein. Der Ansturm ist heftig, immer wieder müssen die zarten Tore geschlossen werden. Nicht drängen, alles kommt dran.

Auge des Kindes: da blickt eine Welt *hinein*. Auge des erwachsenen Menschen: eine Welt blickt da *heraus*. Darum ist es so trübe wie ein Glas, an dem viele Spuren von Getrunkenem haften.

Das Kind schreit. Doch wenn es zu trinken bekommt, tut es einen ganz zarten Seufzer der Erleichterung, seine Züge entspannen sich, und mit jedem Schlückchen Milch saugt es ein Schlückchen Frieden in sein Antlitz. So wird der Mensch vom Beginn an durch Nahrung bestochen, seine wahre Meinung zu unterdrücken und Ruhe zu geben und lieb zu sein. Ach wie lieb ist das Kind! Auch das Böse en miniature ist lieb. Auch die Hölle in Taschenformat und der Teufel, wenn er daumengroß erschiene, mit einem Mauseschwänzchen, wären es.

Die Mutter ruht blaß und erschöpft. Es ist ihr wunderlich zumute, so angenehm leer und so schmerzhaft verlassen, so reich beschenkt und so gröblich ausgenutzt. Und ihre Seele, die Gott dankt, ist heimlich gewärtig, daß er ihr danke. Darauf hat sie auch Anspruch. Denn der Schöpfer lebt in seinen Geschöpfen, und jedes Stück neues Leben, das wird, ist seinem eigenen zugelegt.

Leise geht die Tür auf. Die Mutter wäre gar nicht erstaunt, wenn drei Könige aus Morgenland auf Zehenspitzen hereinkämen.

Es ist aber nur der Onkel Poldi.

HEINRICH SPOERL

Der Willi und ich

HEUTE KANN MAN es ruhig erzählen. Es ist schon so lange her und gar nicht mehr wahr, und es hat auch niemand davon erfahren, außerdem war ich damals ein ganz dummer Bengel, und der Willi, der ein volles Jahr älter war, hat mich nicht abgehalten, sondern mitgemacht und ist es eigentlich auch gewesen.

Der dicke runde Turm, der unser Städtchen mit Trinkwasser versorgte, war immer schon der Brennpunkt unserer Neugier. Turm ist Turm und der Inbegriff von Ritter- und Räuberromantik. Besonders wenn er abgeschlossen ist. Das war sein besonderer Reiz. Eines Tages, als wir wieder einmal vorbeistrolchten, stand er offen. Das eiserne Türchen war frisch gestrichen, die Farbe sollte trocknen. Auf Zehenspitzen, mit verhaltenem Atem, schlüpften wir hinein, der Willi und ich, kletterten die schmale Eisentreppe empor und standen dann oben auf der Galerie über der blanken Wasserfläche. Wir beugten uns über das Geländer, lachten über unser Spiegelbild, schnitten Fratzen und streckten uns die Zunge heraus. Damit waren die Möglichkeiten unseres Vergnügens erschöpft. Geheimnisse haben wir nicht entdeckt.

„Warum schließen die immer so sorgfältig ab?"

„Mensch, das ist doch Trinkwasser. Denk mal, was da alles passieren könnte."

„Du meinst, jemand könnte –"

„Klar. Und alles mögliche."

Ehrfurchtsvoll blicken wir auf das Bassin. Wieviel Kubikmeter mögen das sein? Grundfläche mal Höhe – „Du, Willi, hast du für den Molch schon die Strafarbeit?"

Der Molch war unser Mathematiklehrer, und die Strafarbeit

hatten wir bekommen, weil wir ihm nasse Bonbons auf den Stuhl gelegt hatten. Aber er konnte uns nichts beweisen, und darum fühlten wir uns zu Unrecht bestraft und hatten eine Mordswut.

„Du –“

„Was?“

„Der Molch kriegt doch auch hiervon zu trinken?“

„Was soll das? Willst du Gift reintun?“

„Quatsch. Gift natürlich nicht, aber – du, das wäre fein!“

„Ach so – –“

„Denk mal, wenn die das alle trinken müssen, der Molch und der Pavian und die blöden Affen von der Sekunda und alle.“

„Du bist ein Ferkel.“

„Also paß mal auf, einer muß unten so lange aufpassen, damit niemand kommt, und der andere –“

Der Willi konnte sich der grandiosen Idee nicht länger verschließen. Ich ging hinunter und stand Schmiere, so lange, wie mir wohl nötig schien, und stieg dann beklommen und neugierig wieder nach oben. Der Willi machte ein dummes Gesicht. Zu sehen war natürlich nichts. Silbern und unschuldig lag der Wasserspiegel.

Dann machten wir uns auf die Beine. Wir waren außer uns vor Begeisterung. Jetzt trinken sie das und wissen es nicht. Unsere ganze Rache gegen die Menschheit war gestillt, für das laufende und kommende Schuljahr. Und wir waren die einzigen, die es wußten, wir konnten uns einrichten, man braucht ja kein Wasser zu trinken. Der Willi meinte das auch.

Zum Abendbrot gab es Tee. Ich hatte nie darüber nachgedacht, aber jetzt fiel es mir ein, daß Tee mit Wasser aufgeschüttet wird. Ich ließ ihn stehen. Tee regt abends so auf.

„Was sind das für neue Ansichten“, brummte der Vater. „Meinethalben trink Wasser.“

Nein, das wollte ich auch nicht. Schlimm genug, daß es die andern taten.

Das war überhaupt eine faule Geschichte. Ich kam langsam

dahinter: Was ich dem Molch und meinen Feinden zugedacht hatte, traf auch die andern. Gewiß, wer es nicht weiß, den macht es nicht heiß. Aber der Molch und die andern, die wußten es ja auch nicht. Und trotzdem war es ein erhabenes Gefühl. Und außerdem eine große Sache. Ich hatte der ganzen Stadt was angetan. Ich und der Willi. Was wird die Klasse dazu sagen?

Auch den Kaffee am nächsten Morgen lehnte ich ab. Ob ich nicht ein Glas Milch haben könnte, wir hätten in der Schule gelernt, das wäre besser für Kinder und so.

„Milch bekommst du in den Kaffee", entschied die Mutter.

Die Butterbrote rutschten nicht, ich ging ungefrühstückt zur Schule.

Inzwischen hatte ich noch eine böse Entdeckung gemacht. Ich durfte von meiner Heldentat gar nichts erzählen. Ich hätte Klassenhiebe, Schulhiebe, Stadthiebe bekommen. Nun machte mir der Wasserturm gar keinen Spaß mehr, wo ich doch nicht damit prahlen konnte.

Um zehn Uhr drängten sich die andern um den Wasserkranen. Ich stand durstig dabei und wußte nicht, ob ich sie beneiden oder bedauern sollte. In der Zwölfuhrpause hielt ich es nicht mehr aus; ich hatte fast vierundzwanzig Stunden nichts mehr getrunken, die Zunge klebte mir am Gaumen. Ich schlüpfte auf die Straße und trank von meinen spärlichen Sonntagsgroschen ein Glas Bier. Milch zu bestellen hätte ich mich geschämt. Bier habe ich bis dahin nicht gemocht, es war mir dumm und bitter vorgekommen. Jetzt schmeckte es famos, und ich trank noch eins, weil ich solchen Durst hatte.

Zwei Glas Bier auf einen nüchternen dreizehnjährigen Magen ist nicht das richtige. In der letzten Stunde schlief ich ein, und der Molch machte mir einen furchtbaren Krach. Der hatte gut reden, der hatte Kaffee oder Wasser getrunken. Aber was für Wasser. Der Gedanke entschädigte mich.

Am Mittag ging ich wie gewöhnlich in die Küche und sah, wie die Mutter Wasser an den Braten goß. Nun, man braucht keinen Braten. Aber die Suppe war sicher auch mit Wasser gekocht, bestimmt sogar. Alles wird mit Wasser gekocht. Und da stand auch noch das Wasser vom Spinat. Wasser ringsum! Ich aß nichts und markierte Kopfschmerzen. Das lernt man in der Schule. Meinem Vater wurde es jetzt zu dumm, er guckte mir in den Hals, und ich mußte ah sagen. Resultat: zwei schallende Backpfeifen. Er mußte wohl das Bier gerochen haben. Also darum hatte ich keinen Appetit. Mein Taschengeld wurde beschlagnahmt, und nun war ich gespannt, ob ich schneller verhungern oder verdursten würde.

Auf den Willi hatte ich eine Wut. Der war es doch eigentlich gewesen. Und er schien sich nichts daraus zu machen und aß und trank, was er wollte. Aber bei ihm war das auch etwas anderes. Allerdings, ich an seiner Stelle – aber er mußte es ja wissen.

Nach drei Tagen war ich ausgehungert und ausgedörrt wie ein Fakir. Und dann sah ich meine Mutter an der Wasserleitung und Wasser trinken, viel Wasser, denn sie war eine fleißige Frau und kam leicht in Hitze. – Da hielt es mich nicht länger, und ich ging zum Wasserwerksdirektor. Es war nicht leicht für einen Krott wie ich, den hohen Herrn persönlich zu sprechen. Es ging auch nur, weil ich furchtbar geheimnisvoll und aufgeregt war.

„Herr Direktor. Sie müssen das Wasser ablassen!"

„Nanu? Jemand krank geworden?"

„Das natürlich nicht. Aber das Wasser ist nicht in Ordnung. Das heißt, nicht ganz in Ordnung."

Als ich es glücklich heraus hatte – es war nicht einfach, mich hier gebildet genug auszudrücken –, war ich knallrot und erwartete, daß der Himmel einfiel. Er tat es nicht, auch der Wasserdirektor sank nicht vom Stuhl, sondern verzog keine Miene. Vielleicht glaubte er mir nicht. Ich gab ihm mein Ehrenwort, aber auch das machte keinen Eindruck.

„Schön, wir können das Wasser ja mal ablassen."

„Herr Direktor, es muß aber sofort geschehen. Darf ich helfen?"

„Geh schön nach Hause. Aber du brauchst nicht darüber zu reden. Sonst kommst du ins Zuchthaus. Verstanden?"

Ich legte mich auf die Lauer. Aber ich konnte nicht feststellen, ob das Wasser wirklich erneuert wurde. Schließlich lief ich zum Willi. Der verstand gar nicht, warum ich heulte.

„Mensch, du bist ja verrückt! Das soll auch was sein, so ein bißchen Spucke auf so viel Wasser.“

„Wieso Spucke? Hast du da reingespuckt?“

„Ja, was meinst du denn sonst?“

„Ich? – Och – nichts.“

Was ich zu essen und trinken versäumte, habe ich schnell nachgeholt. Aber wenn ich heute darüber nachdenke, bin ich wirklich im Zweifel, ob er es nicht doch getan hat. Heute ist er Landrat.

BARBARA NOACK

Ich sitze mir gegenüber

VON MÜNCHEN AUS war ich nach Brüssel geflogen und dort in den Zug nach Ostende gestiegen, wo mich Zürcher Freunde erwarteten, mit denen ich weiter nach London reisen wollte.

Es war Herbst, ein Sonntagnachmittag, und es regnete. Der Regen fiel schräg auf sattgrüne Wiesen, in der Luft standen Vögel, gegen den heftigen Wind ansegelnd. Der Blick aus dem Abteilfenster auf die schweren, fast schwarz jagenden Wolken stimmte mich wehmütig. Herbstmelancholie.

Nach einem kurzen Halt auf einer Station setzte sich der Zug gerade wieder in Bewegung, als die Abteiltür aufgerissen wurde. Ein Mädchen brach herein und belebte meine Stille mit erschöpftem Keuchen und wild ausholenden Bewegungen, wobei sein einziges Gepäckstück, eine offene rote Umhängetasche, von seinen Schultern glitt, und zwar kopfüber. Ihr Inhalt fiel auf den schmalen Gang zwischen den Plüschsitzen, und der wurde zur Rollbahn für Lippenstift, Füller, Ohrclips, Kleingeld, Feuerzeug und eine Cremedose. Mit hastigen Bewegungen klaubte sie alles auf, auch unter meinen hochgezogenen Füßen, bedauerte dabei lächelnd „Pardon, Madame" und stopfte zusätzlich einen herausgefallenen Brief, Portemonnaie, Notizbuch, einen Plastikfrosch, Kompaktpuder, der beim Sturz in Stücke zerbröselt war und den schmutzigen Gang pfirsichfarben überstäubte, einen Kamm mit fehlenden Zinken, ein rotgepunktetes Baby-Doll-Nachthemd, eine verwelkte rote Rose, die Fahrkarte, Zahnpasta sowie ein Tampax in ihre Tasche zurück und fiel erschöpft auf den Fensterplatz mir gegenüber. Ich hielt ein Buch vor mein Gesicht und stellte mich lesend, weil an keiner Konversation auf französisch interessiert, was sie zu erleichtern schien.

Große, dunkelblaue Augen träumten aus dem Fenster, wohl einem Erlebnis nach, das, dem Inhalt der Tasche nach zu urteilen, eine Nacht eingeschlossen haben mochte – Augen, die noch an das Edle, Gute glaubten, wenn auch nicht mehr unschuldig. Der stürmische Auftritt, die umgestülpte Tasche, die Augen, der vollippige Mund in dem großflächigen Gesicht kamen mir bekannt vor – das hatte ich alles schon einmal erlebt. Ich konnte nur nicht in meinem Gedächtnis wiederfinden, wann und wo.

Vertieft in meine Lektüre, hörte ich es mir gegenüber kramen und rascheln, dann das Kratzen einer Füllfeder über Papier.

Vor dem Fenster sank die Dämmerung auf die Landschaft, das Licht im Abteil ging an. Die junge Person saß nun vornübergebeugt und schrieb auf dem Pult ihrer Knie in ein Notizbuch. Eine kastanienbraune, schwere Welle verdeckte halb ihr Gesicht. Sie schrieb und schrieb die letzten Seiten ihres Büchleins voll, kramte in ihrer Beuteltasche nach dem Brief, riß sein Kuvert auseinander und beschrieb es von innen mit kleinen, schnellen Worten.

Meine Blicke irritierten sie nicht, sie schien ganz vergessen zu haben, daß ich ihr gegenübersaß. So konnte ich sie ausführlich über den Rand meines Buches hinweg mustern. Hochgestellter, weißer Hemdkragen, nicht mehr ganz blütenrein über dem dunkelblauen Pullover mit V-Ausschnitt. Unter dem karierten, kurzen Faltenrock zog sich eine breite Laufmasche über ein Knie. Ein kräftiges, vollblütiges Mädchen, ständig in Bewegung, auch die Welle über ihrem Gesicht, die sie mit Schwung zurückwarf, wenn sie vom Schreiben aufsah, um nachzudenken.

Und dann war auch die Außenseite des Briefumschlages vollgekritzelt – nun ging gar nichts mehr, aber ich spürte, daß sie an der Fülle all der Gedanken litt, die nun ungeschrieben bleiben mußten. Darum griff ich in meine Tasche, riß ein paar karierte Seiten aus meinem eigenen Diarium und reichte sie ihr hinüber.

Ihre Augen leuchteten ungläubig auf. „Madame! Comment est-ce que vous savez –?“ Es folgte ein kurzer, beglückter Wortschwall des Dankes, und schon füllte sie meine Seiten mit fliegender Schrift.

Der Zug hielt. Das Mädchen guckte kurz auf, stieß einen Schrei aus, stopfte die losen Blätter in ihre Tasche, klemmte sie unter den Arm – „Au revoir, Madame, mille merci –“. Den Füller noch in der Hand, riß sie die Abteiltür auf und stürzte aus dem Zug, der langsam anrollte. Auf dem Mittelsitz gegenüber lag ihr Anorak. Ich lief mit ihm auf den Gang hinaus, riß das Fenster herunter, schrie: „Mademoiselle!“ und warf ihn auf den Perron.

Sie sah sich um, ich zeigte auf das Häufchen Stoff. Sie schien den Anorak noch gar nicht vermißt zu haben, faßte sich an die Stirn und schickte mir zwei Kußhände voll Dankbarkeit hinterher…

Ich kehrte, leicht angegriffen von soviel chaotischer Spannung, in die ich einbezogen worden war, auf meinen Fensterplatz zurück und schaute in die Dunkelheit hinaus.

Und auf einmal wußte ich, an wen mich dieses temperamentvolle, verhuschte belgische Mädchen mit seinem Babyspeck und der ständig bewegten Haarwelle, den großen gläubigen Augen voller Lebensneugier, dem ins Abteil gekippten Intimleben und seiner maßlosen Schreibsucht erinnerte: an mich selbst – zwanzig Jahre jung.

Diese Erkenntnis berührte mich sehr. Man sitzt sich ja nicht allzuoft im Leben gegenüber. Ja, genauso sah ich damals aus, so war ich einmal.

Zum ersten Mal kam ich mir alt vor mit meinen dreiundvierzig Jahren. Erwachsen, erfahren, überlegen, um viele Illusionen ärmer.

Ich hatte inzwischen beruflich erreicht, wovon das belgische Mädchen wohl noch träumte. Ich war Autorin mit Erfolg. Nur meine Schreibeuphorie war mir inzwischen abhanden gekommen. Manchmal haßte ich die monatelange Isolation am Schreibtisch. Wort für Wort, Zeile für Zeile, Seite für Seite,

Hunderte von Seiten, die mehrmals umgeschrieben werden mußten. Was für eine Kraftanstrengung, bei der man nie wußte, ob das neue Buch ein Erfolg werden würde oder ob all die verschriebene Zeit und Mühe umsonst gewesen waren und somit die Existenzgrundlage meiner kleinen Familie gefährdet. Ja, ich hatte mich sehr verändert in den letzten dreiundzwanzig Jahren.

Der Zug hielt. Hielt schon ziemlich lange. Irgendwann hatte ich den Einfall, aus dem Fenster zu schauen.

Ostende. Endstation

Beim Zerren des schweren Koffers die steilen Waggonstufen herunter rutschte meine Tasche von der Schulter, fiel auf den Perron mit der Öffnung nach unten. Lippenstift, Pillenröhrchen, Bleistift, Tampax, Haarspray kullerten auf die Schuhe der mich erwartenden Zürcher Freunde zu.

„Wieso kommst du erst jetzt? Die anderen sind längst ausgestiegen – wir wollten gerade gehen – wir dachten schon, du hättest den Zug verpaßt", redeten sie vorwurfsvoll und durcheinander auf mich ein.

Belgisches Mädchen, mein junges Ich, bin ich wirklich inzwischen erwachsen, erfahrener, umsichtiger geworden? Oder nur älter? Gewisse Ähnlichkeiten zwischen uns sind zweifellos noch immer vorhanden.

FRANZ MOLNÁR

Georg und die Liebe

DIE ZWEI PERSONEN, die diesen Dialog führen, sind Georg und Andreas. Georg ist ein gesunder, rotwangiger kleiner Bursche, der diesmal in den Ferien zwischen der zweiten und dritten Gymnasialklasse pendelt. Andreas ist sein Kamerad, vielleicht ein Jahr jünger als Georg. Ort der Handlung: eine sonnige, heiße Berglehne, die gegen die Donau abfällt. Unten glitzert der Fluß im Sonnenschein. Andreas sitzt auf einem Stein und wartet auf Georg. Georg kommt von oben gerannt, und zwar so schnell, daß er an dem Stein vorüberschießt. Er stemmt seine Hacken gegen den Rasen, dreht sich im Laufen um, stolpert, wippt etliche Male und macht endlich unter allerhand Kapriolen halt. Dort, wo er stehenblieb, ist der Boden aufgewühlt und das wildwuchernde Gras zerstampft, als wenn eine Granate an dieser Stelle geplatzt wäre.

GEORG: Wartest du schon lange?

ANDREAS: Schon sehr lange.

GEORG: Mach dir nichts draus, dafür werde ich dir etwas ganz Großartiges erzählen.

ANDREAS: Was denn?

GEORG: Gleich sollst du's zu hören bekommen. Du wirst es mir gar nicht glauben wollen – du sagst ja immer, daß ich aufschneide. Diesmal schneid' ich aber wirklich nicht auf, alles ist wahr, was ich sage. Bei Gott, auf mein Ehrenwort!

Lange Pause.

GEORG: Na, bist du nicht neugierig?
ANDREAS: (läßt sich bitten) Nun…
GEORG: Nein?
ANDREAS: Erzähl, wenn du willst.

Lange Pause.

GEORG: Ich hab' eine Geliebte.
ANDREAS: Schwindel!
GEORG: Auf mein heiliges Ehrenwort!
ANDREAS: Gib deine Hand darauf!
GEORG: (tut es) Da!
ANDREAS: Wer ist's?
GEORG: Diskretion! Gib die Hand darauf, daß du es niemandem sagst!
ANDREAS: (gibt ihm die Hand) Bei Gott! Auf mein Ehrenwort!
GEORG: Niemandem?
ANDREAS: Niemandem.
GEORG: (nach längerem Zögern) Olga ist's.

Er scheint zu erwarten, daß die Welt zusammenstürzt. Aber nichts dergleichen geschieht. Die Donau rollt ruhig, wie bisher, unten am Fuße des Berges weiter. Die Sonne streut ihr Gold freigebig über das Gebirge.

ANDREAS: Was also? Du sagst, daß du eine Geliebte hast und daß die Olga deine… deine Geliebte ist. Und beschworen hast du's auch.
GEORG: Natürlich hab' ich's beschworen. Eben jetzt hab' ich die Olga geküßt.
ANDREAS: Ujjeh!
GEORG: (aufgeregt) Soll ich's erzählen?
ANDREAS: Ja.
GEORG: Aber gib deine Hand darauf!

Andreas gibt seine Hand darauf.

GEORG: Also ich will dir's erzählen, wie es gewesen ist. Du weißt, die Olga pflegt hier allein herumzulaufen, und ihre Hände sind immer schmutzig, weil sie immer vierblättrige Kleeblätter sucht und dabei betrügt, indem sie nämlich, wenn sie kein vierblättriges findet, ein dreiblättriges pflückt und daraus mit der Schere ein vierblättriges herstellt, weil sie aus einem Blatt zwei macht. Ich sagte zu ihr: Du Betrügerin, Schwindlerin, das bringt doch kein Glück! Glück bringt's nur dann, wenn es von selber vierblättrig ist, wenn du aber aus einem dreiblättrigen ein vierblättriges machst, wird dich der liebe Gott bestrafen, weil das ein Betrug ist, und das Glück wird gerade nicht kommen, weil das nicht so dumm ist wie du, verstehst du? Da sagte die Olga: Laß mich in Ruhe, sonst zeig' ich dich an, daß du mich immer stichelst, wo ich dir doch nichts getan habe. Geh zu deinen Buben spielen, laß die Mädchen in Ruhe und misch dich nicht zwischen sie. Dein Papa hat gestern vor dem ganzen Hause gesagt, wenn du mich noch einmal bei den Haaren ziehst, bekommst du so eine Ohrfeige, daß du in Ohnmacht fällst! Büffle dein Latein, du dummer Bengel, mir aber bleib zehn Schritt vom Leibe, verstanden? So hat sie zu mir geredet, und sie fing an zu heulen und legte sich lang auf die Erde.

ANDREAS: Hast du ihr nicht einen ordentlichen Tritt gegeben?

GEORG: Ich wollt's erst tun, aber ich traute mich nicht an sie heran, weil sie doch auf der Erde lag und mich mit beiden Füßen wiederstoßen konnte, wo ich doch wenigstens auf einem Fuß stehen mußte und nur einen zum Stoßen hatte. Hätt' ich mit beiden Füßen stoßen wollen, dann wär' ich einfach hingefallen – und übrigens stößt man Frauen nicht, man ohrfeigt sie höchstens.

ANDREAS: Hast du sie geohrfeigt?

GEORG: Ich hab' erst gedacht: ich will sie ohrfeigen, aber sie hat ein so kleines Gesicht, daß ich mir sagte: wenn ich sie ohrfeige, so stirbt die Ärmste. Und doch verdiente sie es, weil ich ihr nichts getan habe und nicht dulde, daß sie mir mit meinem Papa droht. Mein Papa mag mich hauen, wann er will, dagegen sag' ich nichts, aber Fremde sollen ihn nicht aufhetzen, weil ich dann in solche Wut gerate, daß ich zu allem fähig bin. Aufwiegeln laß' ich meinen Papa auf keinen Fall.

ANDREAS: Und was geschah dann?

GEORG: Dann bin ich zu ihr hingegangen und sagte: Du dummes Ding, was heulst du denn? Ich hab' dich doch gar nicht geschlagen, und du brüllst hier... Wenn jemand kommt und dich da sieht, wird er meinen, ich habe dir was getan, davon werde ich nur Unannehmlichkeiten haben. Brüll nicht, steh auf und wisch dir die Augen ab, sonst kommt deine Mutter und verklatscht mich bei meinem Papa. Meinen Papa aber laß' ich nicht aufhetzen.

ANDREAS: Ist sie aufgestanden?

GEORG: Ja, aber sie hat kein Taschentuch gehabt und hat ihre Augen nicht abwischen können, und da ist sie mit den Händen in ihr Gesicht gefahren und hat sich die Augen gerieben, daß ihr Gesicht von der Erde an ihren Händen ganz schmutzig wurde und sie ein so kleines Gesicht hatte, daß sie einem leid tat.

ANDREAS: Und dann?

GEORG: Dann hat sie mich so komisch angeschaut. Ich sage zu ihr: Schau nicht so, dumme Gans! Sie ist so drollig gewesen, weißt du, und hat so... so in mich geschaut, und hat noch immer geheult, und die Tränen sind in den Schmutz auf ihrem Gesicht hinuntergeronnen, und ich hab' lachen müssen, weil sie immer ihre Mundwinkel beleckt hat, von wegen der salzigen Tränen. In einem fort weinte sie und leckte ihre Lippen, und ich hab' in einem fort lachen müssen, weil sie so dumm geweint hat mit ihrem kleinen Gesichtchen. So ein Mädchen – hat ein so ganz kleines Gesichtchen! Das hat mir am meisten an ihr gefallen. Sie sagt: Warum lachst du mich aus, wenn ich weine? – Wein also nicht, sag' ich zu ihr, und sie antwortet drauf: Ich muß aber weinen... ich weiß nichts, ich kann nichts dafür...

ANDREAS: So dumm!

GEORG: Die flennen gleich bei jeder Kleinigkeit. Ich sag' zu ihr: Na gut, ich will nicht mehr lachen, und da meint sie: Jetzt muß ich schon weinen, ob du lachst oder nicht, ich weiß nicht...

ANDREAS: Warum hast du sie nicht einfach stehenlassen?

GEORG: Ich hab' erst gedacht: ich laß' sie stehen, aber sie hat mein Trikothemd gefaßt und hat mich nicht losgelassen. Laß mich jetzt nicht hier, hat sie gesagt, soll ich hier allein bleiben und heulen? – Dann heul doch nicht, sag' ich, du machst mich schon ganz wütend, weil du hier so ohne Grund herumschreist mit deinem kleinen Gesicht. Ich bin dir so in Wut gekommen, daß ich sie in die Seite puffte und sie anschrie: Heul nicht, sonst hau' ich dich, hörst du?

ANDREAS: (lüstern) Hast du sie gehauen?

GEORG: Ich hab' erst gedacht, ich werde sie hauen, aber da ist etwas ganz Unerwartetes geschehen: sie ist mir einfach um den Hals gefallen! Ich hab' erst gedacht, daß sie mit mir raufen will, da hab' auch ich sie um den Hals gefaßt, aber sie hat nur in mein Ohr weinen wollen und hat ihren Kopf auf meine Schulter gelegt und gesagt: Rühr mich nicht an, ich hab' dir nichts getan! Und dann hat sie mich umarmt und hat sich so schwer an meinen Hals gehängt, daß ich beinahe erstickt bin, und hat ihr schmutziges, warmes, kleines Gesichtchen an mein Gesicht gedrückt. Und es schien mir, als hätte sie das Fieber, und alle die vielen heißen Tränen sind auf mich geflossen. Ich sagte zu ihr: Was willst du denn von mir? Es war mir nämlich sehr unangenehm, sie ist mir aber nicht vom Halse gegangen, und ich habe sie getröstet und sagte: Du dumme Kuh, mach doch keine Geschichten! Ich strich ihr über das Haar, und auf ihrem mageren kleinen Schädel war hinten eine Beule, gerade wie ein Tüpfel.

Andreas probiert auf seinem Kopfe, ob auch er eine Beule hat.

GEORG: Auch ich hab' auf meinem Kopfe gesucht, auch ich hab' ein Tüpfel – aber ich hab's bis jetzt nicht gewußt, weil mir niemand den Kopf gestreichelt hat. Und ich habe sie umarmt und sagte: Jetzt werde ich dich küssen, wenn du deine Hand darauf gibst, daß du niemandem etwas sagst. Und sie hat ihre Hand darauf gegeben und geschworen, und sie hat sich an meinen Hals gehängt, und ich habe das Tüpfelchen auf ihrem Schädel geküßt, und sie sagte zu mir: Schwör', daß du mich liebst! Und ich hab' ihr sofort meine Hand darauf gegeben, ich schwör' nicht auf jeden Unsinn, ein Handschlag genügt. Sie hat mir dann ein Andenken gegeben, ein echtes vierblättriges Kleeblatt, keins von den falschen, die sie mit der Schere fabriziert hatte. Sie meinte, ich solle es in mein Gebetbuch legen und pressen, und fügte hinzu: Beeil dich nur, das Gymnasium zu beenden, ich werde mich auch mit meiner Schule beeilen, und wir werden in Budapest wohnen.

ANDREAS: Warum in Budapest?

GEORG: Weil sich's dort angenehm wohnt – man kann dort

fein gassenhauern am Kleinen Schwabenberg, und ich pflege Kalzit zu sammeln – nächstes Jahr werde ich's in der Mineralogie brauchen – und es ist auch sehr gute Luft dort.

ANDREAS: Und dann?

GEORG: Dann rief man von unten: Olga! Olga! Olga! – und sie ist erschrocken und sagte: Ich bekomm' keine Salami, wenn ich mich nicht beeile, und ist weggerannt. Zum Abschied reichten wir uns noch die Hände, und ich stand allein da, ganz blöde, wie ein Pferd, und hab' um mich geschaut wie einer, dem etwas fehlt.
Ich sah nach der Stelle, wo sie gelegen hatte – das Gras war dort zerdrückt, und ich hab' mich auf dieselbe Stelle gelegt und hab' an einem Grashalm gekaut.

Tiefe Stille. Die Sonne scheint noch immer warm, die Donau rollt nach wie vor unter dem Berge dahin.

ANDREAS: Und was ist mit der Paraguay-Marke?

Er erhält keine Antwort. Georg nagt an seinen Nägeln.

ANDREAS: Was ist mit der Paraguay-Marke?

Georg schrickt empor und blickt ihn an.

GEORG: Was?

ANDREAS: Was ist mit der Paraguay-Marke?

GEORG: Die kann ich dir nicht geben, weil ich sie ihr gegeben habe. Das ist ihre erste Marke, aber sie wird bald mehr haben, weil sie jetzt anfangen wird zu sammeln, und ich werde ihr immer welche geben, wenn ich zwei von einer Sorte habe…

Legt sich neben dem Stein auf den Rücken nieder, zieht die Beine in die Höhe und kaut an einem Grashalm. Er bemerkt nicht, daß Andreas ihn verläßt und auf die Jagd nach Käfern geht. Tiefe Mittagsstille.

ÖDÖN VON HORVÁTH

Die gerettete Familie

AM 7. AUGUST 1922 war ich sehr verliebt, und zwar in eine gewisse Frau Elisabeth Tomaschek aus dem VIII. Bezirk. Der Herr Tomaschek war damals gerade verreist, und so stand meinen Gefühlen fast nichts mehr im Wege. Ich gebs heut gerne zu, daß das moralisch nicht schön von mir war, aber von einem natürlichen Standpunkt aus betrachtet, wars doch auch wieder nicht unschön. Die Natur ist halt mal ungerecht, und obendrein war ich damals noch ziemlich hemmungslos, der Krieg war ja auch noch kaum vorbei.

Am 12. November 1928 kam nun der Herr Tomaschek, den ich inzwischen schätzen gelernt hatte, unerwartet zu mir. Er war erregt und sagte: „Ich hab grad eine Karambolage hinter mir!" Und dann setzte er mir auseinander, daß diese Karambolage mit einem scharfen Wortwechsel zwischen ihm und seiner Gemahlin begann, und zwar über das Thema, ob der Bubi humanistisch gebildet werden müßte oder ob er in die Oberrealschule gehen sollte. Die Frau war absolut für die Oberrealschule, weil diese ganz in der Nähe lag, aber er hatte eine Schwäche für das Unpraktische. Energisch verteidigte er den Wert des humanistischen Bildungsideals, und dabei entschlüpfte ihm leider Gottes ein ordinäres Schimpfwort. Die Frau schimpfte natürlich zurück, das ging so her und hin, bis die Frau (und für sie dürfte diese ganze Debatte wahrscheinlich nur ein Anlaß gewesen sein, um einem seit 1920 aufgestapelten Groll das Ventil zu öffnen) – „und jetzt kommt die Karambolage!" schrie mich der Tomaschek an, „sagt das Luder nicht, daß sie am 7. August 1922 etwas mit dir gehabt hätt!"

„So", sagte ich, „also das find ich unerhört!"

„Ich möcht halt jetzt nur klar sehen", fuhr der Tomaschek

fort, „ob das nämlich stimmt, denn wenn das nämlich stimmt, laß ich mich nämlich scheiden, das kann mir niemand zumuten, daß ich mit einer zusammenleb, die sich mit dir eingelassen hat! Sags mir nur ruhig, das wird unsere Freundschaft nicht stören! Ich bin dir nicht bös, denn du kannst ja nichts dafür. Meiner Seel, das Weib ist halt mal so ein Grundübel, die personifizierte Sünd, das Laster in persona!"

Während er so sprach, überlegte ich krampfhaft, wie ich vorgehen sollte. Also eine Familie wollte ich nicht zerstören, denn das wäre gegen meine Prinzipien gewesen. Aber eigentlich wollt ich auch den braven Tomaschek nicht täuschen, ich hatte ein direkt miserables Gefühl bei dem Gedanken, daß ich sein verständnisvolles Vertrauen mißbrauchen sollte – schließlich siegte mein Altruismus: zwei Menschen, die das Schicksal gesetzlich zusammengetrieben hat, sagte ich mir, dürften nicht voneinandergejagt werden, und solches erst recht nicht, weil dann der herzige Bubi auseinandergerissene Eltern hätt – und so antwortete ich dem Tomaschek: „Also, ich find das von deiner lieben Gemahlin schon ziemlich legere, daß sie mich da in ein Drama hineinziehen möcht, bloß um dich aufzuregen. Natürlich ist das alles erlogen!"

Mein Tonfall beruhigte ihn, und er gab mir seine klebrige Hand. „Ich muß jetzt noch ins Continental", sagte er. – „Also du glaubst mir?" fragte ich. – „Ich glaub alles", sagte er, und es lag eine gewisse Resignation in seiner Stimme.

Kaum war er weg, rannte ich zu seiner Frau. „Elisabeth!" fuhr ich sie an. „Der Viktor war grad bei mir und hat sich erkundigt -" – „Ich weiß schon!" unterbrach sie mich. – „Einen Schmarrn weißt du!" brüllte ich, und das war alles programmgemäß. „Ich hab ihm natürlich gebeichtet, daß ich was mit dir gehabt hab, weil er mich an meiner Ehre gepackt hat! Und jetzt will er sich partout scheiden lassen!" – „Also endlich!" sagte sie und setzte sich.

Das hatte ich nicht erwartet, denn ich wollte ja gerade das Gegenteil. Ich dachte, sie durch mein erfundenes Geständnis einzuschüchtern, aber jetzt mußte ich mit ansehen, daß sie direkt erleichtert tat. Momentan wußte ich gar nicht, was ich sagen sollte. „Du kannst es ja gar nicht wissen", unterbrach sie plötzlich die Stille und sah mich lang an. – „Was denn?" erkundigte ich mich kleinlaut. – „Wie gut, daß er und ich zusammenpassen", sagte sie und betrachtete spöttisch meine modernen Schuhe. „Ich hätt mich ja mit dir nie eingelassen", fuhr sie fort, „wenn ich nicht gewußt hätt, daß er sich bereits mit allerhand Menschern abgibt." Nun stand sie am Fenster, und das sah aus, als wollte sie überall hinaus. Auch aus sich hinaus.

„Und der Bubi?" fragte ich plötzlich scheinbar nebenbei, denn nun kam mein letzter Trumpf. „Wenn sich der Viktor jetzt scheiden läßt, bist natürlich du der schuldige Teil, und den Bubi kriegt natürlich der Viktor."

Das riß sie aber sehr zusammen! „Was sind das für unnatürliche Gesetze!" schrie sie und war fürchterlich verzweifelt. Eine Mutter muß man eben bei ihrem Bubi packen, wenn man etwas bei ihr erreichen will.

In diesem Augenblick trat abermals unerwartet der Tomaschek ein. „Was machst denn du da?" fragte er mich mißtrauisch, aber sie ließ mich nicht antworten, sondern stürzte sich weinend auf ihn, umklammerte ihn und jammerte grauenhaft. Immer wieder bat sie ihn unartikuliert um Verzeihung und küßte ihm sogar die Hand. Er sah mich fragend an. „Ich hab ihr nur grad vorgehalten", sagte ich, „wie sie nur sowas behaupten kann, daß ich was mit ihr gehabt hätt, wo das doch gar nicht wahr ist."

Also eine solche Wirkung haben meine Worte noch kaum gehabt. Sie taumelte direkt vom Tomaschek zurück und zitterte wie ein verprügeltes Tier. Und dann blickte sie mich an, und das war derart unheimlich gehässig, daß es mir eiskalt hinunterlief. Aber der Tomaschek machte bloß eine wegwerfende Geste. „Sie ist halt blöd, das arme Hascherl!" sagte er.

So rettete ich eine Familie vor dem Verfall.

ANTON KUH

Das tägliche Zwiegespräch

EIFERSUCHT IST EINE LEIDENSCHAFT ... USW.

„Warum lachst du?"
„Ich hab' doch gar nicht gelacht...?"
„O ja, ich hab' genau gesehen, daß du hinübergelacht hast..."
„Da hast du falsch gesehen. Mir ist nicht zum Lachen."
„Aber der Mann drüben lacht ja noch herüber..."
„Soll er lachen. Ich hab' ihm keinen Grund gegeben. Wahrscheinlich lacht er über dich."
„Über mich?? ... Warum soll er über mich lachen? Bin ich lächerlich, weil ich neben dir sitze? ..."
„Du bist lächerlich mit deinem Fragen..."
„Aha! – woher weiß er denn, daß ich frage? He?? Weil du ihn so angesehen hast, daß er gespannt beobachten muß, was ich dazu sage..."
„Er lacht dich aus..."
„Gestehst du es... Ein fremder Mann lacht mich aus. Wie kommt ein Fremder dazu, mich auszulachen? Weil ich ihm komisch vorkomme..."
„Das bist du auch..."
„Natürlich bin ich es. Wenn man neben einer Frau in einem öffentlichen Lokal sitzt, die sich langweilt..."
„Ich langweile mich nicht. Du langweilst mich..."
„Ich langweile dich, weil du dich neben einem... geistigen Menschen immer langweilen wirst... Ja, wenn ich ein Langstreckenläufer wäre, ein Tennisspieler, ein Sportbuberl..."
„Pah..."
„Sag nicht pah, ich kenne Euch, das habt Ihr alle..."
„Wer ist ‚alle'?"
„Eure ganze Familie ... Deine zwei Schwestern..."

„Zieh nicht die Familie herein…“
„Die eine ist geschieden…, man weiß, warum…“
„Zieh nicht die Familie herein…“
„Die andere geht mit einem Halun…“
„Beleidige meinen Schwager nicht! Zieh nicht…“
„…einem Hochstapler…“
„…meine Familie herein. Wenn ich über deine Familie zu reden anfange…“
„Meine Familie, ha…“
„Deine Brüder…“
„Und dein Onkel Edmund?…“
„Das war der Bankenkrach … Er ist der anständigste Mensch … Aber Ihr…“
„Weil Ihr Euch langweilt!…“
„…Als man deinen Bruder in die geschlossene Anstalt brachte…“
„Alle Schwindler!…Unernstes Pack! … Analphabeten!…“
„Krankhaft seid Ihr! … Narren!…“
„Nimm das zurück!“
„Nimm das zurück mit den Analphabeten…“
„…Jetzt weinst du, siehst du. Erst hast du gelacht.“
„Hu … ich haa … ich haa…“
„Das wäre nicht nötig gewesen, wenn du einen fremden Mann…jetzt zahlt er und geht…“
„…ich haabe gar nicht ge…“
„Wein nicht. Sonst muß ich weinen. Der Mann ist ja schon weg.“
„Was geht mich der Mann an? … Geh ihm doch nach, frag ihn, warum er gelacht hat…“
„Na, ja…vielleicht hat er ein so dummes Gesicht … es gibt Menschen, die immer lachen…“
„Ich lache ja auch manchmal ohne Grund.“
„Verzeih … ich werde niemals…“
„Warum soll man denn nicht lachen?…“
„Ich bin ein Schurke…“
„Vielleicht hab' ich sogar unbewußt gelacht…“
„O bitte: lache!“

ALOIS BRANDSTETTER

Schinderhaus – noch dazu mit Hanglage

LOB DES WEINBERGS! Als ich als junger oder jüngerer, das heißt also nicht mehr ganz so junger Mensch den Entschluß faßte, mir das kleine Bauernhaus, mundartlich genaugenommen: *Beunthaus,* oberösterreichisch gesprochen (was in Kärnten der *Sölde* oder auch *Hube* entspricht), vulgo – das heißt im Volksmund – „Bergmann auf dem Weinberg" zu kaufen, holte ich dazu den Rat eines erfahrenen Menschen ein. Wer lag mir näher als mein Vater. Ich holte ihn also ab und brachte ihn mit meinem VW-Käfer bergwärts. Vielleicht suchte ich aber auch weniger seinen Rat als die Bestätigung meines Ratschlusses, der eigentlich feststand. Sie war aber leider nicht zu bekommen. Ich hatte damit gerechnet, daß ihn das Anwesen, auf einem kleinen Plateau oder einer Art Terrasse auf der Südseite, der *Sonnen*seite gelegen, vor dem Wind geschützt durch die Lage unter dem „Gipfel" des Weinbergs – wenn man bei einem solchen Berg überhaupt von einem Gipfel sprechen kann, weil er nicht aufgipfelt oder sich zuspitzt, sondern sich ganz im Gegenteil abrundet –, und überhaupt das gediegene Haus selbst überzeugen würden. Auch, dachte ich, werden den alten Agrarier die wohlüberlegte Anlage der Güterwege und „Fahrten" quer den Haupthang hinunter mit immer wieder in Bögen anschließenden Abzweigen, sodaß jeder Platz und jede Stelle des Grundes mit einem kleinen Fuhrwerk erreichbar und so landwirtschaftlich nutzbar ist, und vor allem die vielen, über hundert Obstbäume des ein Drittel des Grundes von ungefähr zwei Hektar ausmachenden Gartens überzeugen. All diese ästhetischen und ökonomischen Vorzüge bei diesem Kaufschilling! Da machst du einen guten Kauf, dachte ich, würde Vater sagen. Dachte ich, wie gesagt.

All die Schönheit nämlich, das Sonnseitige und was sonst dem Auge schmeichelt, stellte mein Vater zurück und hintan, ja ließ es gänzlich unerwähnt. Primum vivere, deinde philosophare. „Das ist ein Schinderhaus!" sagte er mit einem unüberhörbaren Ton der Warnung. *Schinden,* reflexiv, also rückbezüglich *sich schinden* heißt in der Mundart „sich abrackern". *Ausgeschunden* nennt man jene Menschen, die ihr Lebtag lang schwer körperlich gearbeitet haben. Und mit einem Blick über die Wiesen und das Feld sagte er wie im Zorn, im Zorn wohl eher auf mich als über Natur und Geographie: „Netto Leiten" (ausschließlich Hänge, also). Und ich erinnerte mich an das konträre Lob über Bauernhäuser, die mit ebenem Grund gesegnet waren, gesegnet ohne Ende sozusagen: „Alles haareben", oder „Netto ebenen Grund". Und ich erinnerte mich auch sehr wohl daran, daß auf dem Land bei den Heiratssachen und beim Freien immer auch die agrarischen Verhältnisse der Brautwerber eine Rolle spielten, ja daß gewisse Mängel, was etwa die Schönheit, Gesundheit oder auch den Charakter des Bräutigams oder der Braut betraf, durch Vorzüge des Besitzes, etwa ebenen Grund, oder auch durch das stattliche Grundausmaß für kompensiert galten. Der Bräutigam hat zwar nur noch schütteres Haar, aber „netto haarebenen Grund". Oder: Die Braut hat wirklich keine schönen Waden, aber viel schönen Holzgrund zum Herzeigen, „alles zum Schlagen", also schlägerbaren Wald. Einen Buckel, aber ausgewachsenen Wald...

Kein Mensch wird diesen Grund pachten wollen", schimpfte mein Vater. „Eine solche Gstätten will doch heut kein vernünftiger Mensch mehr geschenkt", sagte er. Ein vernünftiges Argument nach dem anderen brachte er gegen diesen Kauf vor und ließ kein gutes Haar an meinem Plan.

„Ja und die Aussicht?" fragte ich zurück. Dabei zeigte ich auf die Alpen, die sich über dem Bergrücken jenseits des Sulzbachtales erhoben, eine lange Kette blau und weiß glänzender Berge. Wie oft habe ich inzwischen jenen Ausblick genossen und das Panorama bestaunt. Gerade wenn schlechtes Wetter bevorsteht, sieht man die Kette der Berge links und rechts des Dachsteins besonders schön. Manchmal erscheinen sie so nahe, daß man meint, sie erhöben sich schon in der Gegend um Lambach, als wären sie in Luftlinie nicht achtzig, sondern nur zwanzig Kilometer entfernt.

Mit der Frage nach dem Wert der Aussicht verwirrte ich meinen Vater und seinen nüchternen Sinn. „Was für eine Aussicht?" fragte er. „Ach, den Ausblick, meinst du. Den kannst du aber vom Spillauer draußen oder in der Ödt genauso und auch von hier aus gratis haben." Dazu brauchte ich keinen Bergbauernhof kaufen, sagte er, „um den Dachstein anzugaffen". Um dann weitere wichtige ökonomische Argumente gegen mein Vorhaben vorzubringen. Er hatte eine unüberwindliche Abneigung gegen alles Geneigte, einen deutlichen Hang zur Tallage, eine Aversion gegen die Hanglage, eine fundamentale Ablehnung der Berglehnen. So schoß er sich auf das Abschüssige ein und schoß Breitseiten gegen die Flanken. Und es kam, was kommen mußte: Ein Lob des flachen Innviertels, von wo er stammte, und eine Abwertung des Hausruckviertels, des sogenannten „Landls", wo man eigentlich nichts Besseres erwarten konnte. Der agrarische Hausverstand der Innviertler ließ am Hausruckviertel an sich nur die sogenannten „Linzer Böden" gelten, die ebenen, ertragreichen St. Florianer Gründe. Die Welser Heide mit ihrer dünnen Humusschicht und ihrem vielen Schotter unter der Krume mußte man aber wieder abziehen. Was blieb dann noch viel übrig vom Hausruckviertel? Es war landwirtschaftlich nicht viel „rarer", was „besser" hieß, als das Traunviertel, ja nicht einmal vom Mühlviertel, dem „Steinreichen", weit entfernt. Und das Mühlviertel war ja nun anerkanntermaßen „das Letzte". Wenn es etwa hieß, ein Mädchen habe „ins Mühlviertel hinüber geheiratet", dann war das eher ein Grund zum Kondolieren als zum Gratulieren. Wahrscheinlich hatte die Braut einen Kropf oder uneheliche Kinder.

FRANZ SCHRAPFENEDER

Der Zweitwohnsitz auf dem Lande – Paradies in zwei Varianten

SIE HABEN ES WAHR GEMACHT! IHR TRAUM VOM WOHNEN IM EIGENHEIM DRAUSSEN VOR DER STADT IST WIRKLICHKEIT GEWORDEN!

Die Leute werden staunen! Sie sind jetzt Besitzer eines Hauses auf dem Lande.	Ihre Bank staunt kein bißchen. Sie sind jetzt tatsächlich Besitzer eines Hauses auf dem Lande. Aber eigentlich gehören der Bank noch drei Viertel davon.
Sie, Ihre Frau und die Kinder können nun jede freie Minute in dem Haus auf dem Lande verbringen.	Sie, Ihre Frau und die Kinder müssen nun jede freie Minute in dem Haus auf dem Lande verbringen.
Die Wohnung in der Stadt, das Haus auf dem Lande – Sie verfügen über beides und sind damit auf dem besten Wege zu ganzheitlichem Leben und Erleben.	Die Wohnung in der Stadt, das Haus auf dem Lande – Sie verfügen über beides und entdecken, daß eines jeweils die Alternative des anderen ist, was Ihrem Leben und Erleben unweigerlich stark schizophrene Züge verleiht.

Durch dieses Zweitdomizil gewinnt Ihr Leben neue, ungeahnte Dimensionen.

Wie einst als Verlobte und Jungvermählte durchstreifen Sie und Ihre Frau in wonniger Kauflaune die Warenhäuser und wählen aus dem reichen Angebot, was man für ein neues Haus so braucht.

In Ihrem Haus auf dem Lande erleben Sie unmittelbar die Natur im Wechsel der Jahreszeiten.

Sie hätten gar nicht gedacht, was sich in einem

Dieses Zweitdomizil bedeutet, daß Sie nun zwei Haushalte haben, doppelt so viele Straßenkilometer fahren und für den Hin- und Hertransport von Personen und Sachen ein größeres Auto brauchen.

... Und Sie brauchen alles. Zum Beispiel auch einen Klobesen und eine Küchenwaage – es sei denn, Sie nehmen beides jedesmal mit, wenn Sie aufs Land fahren. Teure Dinge wie einen Griller und ein Speiseservice nicht zu vergessen. Die kriegen Sie kein zweites Mal als Hochzeitsgeschenke.

In Ihrem Haus auf dem Lande folgen Sie unmittelbar dem jahreszeitlichen Wechsel in der Natur, indem Sie beispielsweise: im Frühjahr Zäune ausbessern und alte Baumstrünke ausgraben; im Sommer Gras mähen und Hecken stutzen; im Herbst das gefallene Laub zusammenrechen; und im Winter die Zufahrt vom Schnee freischaufeln.

Sie hätten gar nicht gedacht, was in einem brand-

brandneuen Haus – *Ihrem* Haus – so alles an baulichen und technischen Details findet.

Jetzt können Sie Ihre Freunde übers Wochenende zu sich in Ihr Haus auf dem Lande einladen.

Wenn Sie jetzt an einem Freitagabend im Sommer vor Ihrem Grundstück müde aus dem Wagen steigen, kommen Ihnen auf dem Gartenweg schon die Kinder entgegen, die sich hier draußen inzwischen prächtig erholt haben.

So ein Haus weit weg von der Stadt hat seine verschwiegenen Vorteile. Sie können dort zwischendurch mal gelegentlich einer Dienstfahrt mit Ihrer Sekretärin das eheliche Schlafzimmer benützen, während Ihre Frau in der Stadtwohnung die Teppichböden saugt.

Die Kinder sollten es einmal besser haben. Für wen

neuen Haus so alles an baulichem und technischem Kram gewartet, repariert, ja mitunter erneuert werden muß. Von Ihnen. Denn es ist ja *Ihr* Haus.

Jetzt können Sie Ihre Freunde nicht mehr übers Wochenende in deren Haus auf dem Lande besuchen.

Wenn Sie jetzt an einem Freitagabend in Sommer vor Ihrem Grundstück müde aus dem Wagen steigen, kommt Ihnen auf dem Gartenweg schon die Schwiegermutter entgegen, die sich hier draußen inzwischen prächtig erholt hat.

So ein Haus weit weg von der Stadt hat seine verschwiegenen Vorteile. Während Sie im Büro am Schreibtisch schuften, sieht Ihre Frau in männlicher Begleitung draußen im Haus nach dem Rechten und benützt zwischendurch mal mit dem Herrn das eheliche Schlafzimmer.

Wenn Ihre Kinder reif genug sind, nutzen sie das Haus

haben Sie schließlich dieses Haus angeschafft, wenn nicht für sie? Sie werden es, wenn sie reif genug dazu sind, auch zu nutzen wissen.

gewiß. Sie nehmen es erst so richtig in Besitz, wenn Sie und Ihre Frau mal nicht da sind: der Sohn, um mit seinen Freunden eine wüste Party zu feiern; die Tochter, um sich von Ihrem Freund die Unschuld rauben zu lassen.

Und später einmal wird Ihr Sohn (Ihre Tochter) in dem Haus auf dem Lande wohnen. Das ist der Lauf der Dinge.

Und später einmal wird Ihr Sohn (Ihre Tochter) sich ein Haus bauen, ganz nach seinem (ihrem) Geschmack und ohne die Mängel, die Ihres aufweist, und darin wohnen. Das ist der Lauf der Dinge.

FRIEDRICH TORBERG

Die Krautfleckerln der Tante Jolesch

SIE IST 1932 GESTORBEN, friedlich und schmerzlos, von Ärzten betreut, von der Familie umsorgt, zu Hause und im Bett – wie damals noch gestorben wurde (und wie es bald darauf so manchem ihrer Angehörigen nicht mehr vergönnt war).

Kurz vor dem Ende offenbarte sich ihr Charakter und ihre Lebensweisheit in einem letzten Ausspruch, mit dem sie das Geheimnis ihrer weithin berühmten Kochkunst preisgab – und zu dem eine in jeder Hinsicht passende Vor-Geschichte gehört.

Gleich allen wahren Köchinnen, die ihre Kunst im häuslichen Gehege ausübten – es wird von ihnen noch die Rede sein –, war auch die Tante Jolesch ausschließlich auf die Genußfreude und das Wohlbehagen derer bedacht, denen sie ihre makellos erlesenen Gerichte auftischte. Es sollte den anderen munden, nicht ihr. Sie selbst begnügte sich damit, ihren Hunger zu stillen. Als man sie einmal nach ihrer Lieblingsspeise fragte, wußte sie keine Antwort.

„Aber du mußt doch schon draufgekommen sein, was dir am besten schmeckt", beharrte der Frager.

Nein, um solche Sachen kümmere sie sich nicht, replizierte ebenso beharrlich die Tante Jolesch (wobei sie in Wahrheit nicht „Sachen" sagte, sondern „Narreteien" und genau genommen „Narrischkaten").

Der Wißbegierige ließ nicht locker und spitzte nach einigem Hin und Her seine Frage vermeintlich unentrinnbar zu:

„Also stell dir einmal vor, Tante – Gott behüte, daß es passiert – aber nehmen wir an: du sitzt im Gasthaus und weißt, daß du nur noch eine halbe Stunde zu leben hast. Was bestellst du dir?"

„Etwas Fertiges", sagte die Tante Jolesch.

Wäre es nach den Verehrern ihrer Kochkunst gegangen, dann hätte sie sich als Abschiedsmahl ihre eigenen „Krautfleckerln" zubereiten müssen, jene köstliche, aus kleingeschnittenen Teigbändern und kleingehacktem Kraut zurechtgebackene „Mehlspeis", die je nachdem zum Süßlichen oder Pikanten hin nuanciert werden konnte: in der ungarischen Reichshälfte bestreute man sie mit Staubzucker, in der österreichischen mit Pfeffer und Salz. Krautfleckerln waren die berühmteste unter den Meisterkreationen der Tante Jolesch. Wenn es ruchbar wurde, daß die Tante Jolesch für nächsten Sonntag Krautfleckerln plante – und es wurde unweigerlich ruchbar, es sprach sich unter der ganzen Verwandtschaft, wo immer sie hausen mochte, auf geheimnisvollen Wegen herum, nach Brünn und Prag und Wien und Budapest und (vielleicht mittels Buschtrommel) bis in die entlegensten Winkel der Puszta –, dann setzte aus allen Himmelsrichtungen ein Strom von Krautfleckerl-Liebhabern ein, die unterwegs nicht Speise noch Trank zu sich nahmen, denn ihren Hunger sparten sie sich für die Krautfleckerln auf und den Durst löschte ihnen das Wasser, das ihnen in Vorahnung des kommenden Genusses im Mund zusammenlief. Und ein Genuß war's jedesmal aufs neue, ein noch nie dagewesener Genuß.

Jahrelang versuchte man der Tante Jolesch unter allen möglichen Listen und Tücken das Rezept ihrer unvergleichlichen Schöpfung herauszulocken. Umsonst. Sie gab's nicht her. Und da sie mit der Zeit sogar recht ungehalten wurde, wenn man auf sie eindrang, ließ man es bleiben.

Und dann also nahte für die Tante Jolesch das Ende heran, ihre Uhr war abgelaufen, die Familie hatte sich um das Sterbelager versammelt, in die gedrückte Stille klangen murmelnde Gebete und verhaltenes Schluchzen, sonst nichts. Die Tante Jolesch lag reglos in den Kissen. Noch atmete sie.

Da faßte sich ihre Lieblingsnichte Louise ein Herz und trat vor. Aus verschnürter Kehle, aber darum nicht minder dringlich kamen ihre Worte: „Tante – ins Grab kannst du das Rezept ja doch nicht mitnehmen. Willst du es uns nicht hinterlassen? Willst du uns nicht endlich sagen, wieso deine Krautfleckerln immer so gut waren?"

Die Tante Jolesch richtete sich mit letzter Kraft ein wenig auf:

„Weil ich nie genug gemacht hab..."

Sprach's, lächelte und verschied.

Beat Brechbühl

Holunderbrei

Seit zwei Stunden fand Schnüff, daß der September sehr schlecht begonnen hatte.

Draußen tropfte Regen durch den Birnbaum in den Brunnentrog. Vor dem Stubenfenster tauchte von Zeit zu Zeit ein grauer Regenumhang auf, und Tasso wußte nichts Besseres, als sich im Hundehaus zu verkriechen. Es war weder Sommer noch Herbst, sondern aufdringliches, fades Regenwetter, und die Stube sah düster und trostlos aus.

Für Schnüff sah die Stube sogar hoffnungslos düster aus, denn er war allein, er saß am Eßtisch, und vor ihm stand alles Unglück der Welt in Form eines Tellers Holunderbrei.

Neben dem Teller lag ein Löffel.

Einen Meter von ihm, auf der sauberen Tischplatte, lockte das Gegenteil von Holunderbrei: ein schönes, gelblichbraunes Schmelzbrötchen, ein wunderbar riechendes, sympathisches, knuspriges Gebäck – einfach ein Schatz von einem Schmelzbrötchen!

Das Schmelzbrötchen verzehrte sich fast vor Ungeduld, von Schnüff aufgegessen zu werden, und er konnte die Qualen des Schmelzbrötchens kaum noch ertragen. Er spürte, wie es litt und bat und beinah schmolz vor Sehnsucht.

Aber Schnüffs Weg zum Schmelzbrötchen führte über den Teller, der festsaß wie ein Fels, der sich mit der größten Gedanken- und Verwünschungsanstrengung nicht verrücken ließ. Der Teller war eine hausdicke Mauer zwischen dem langsam bis in die Fußsohlen verzweifelnden Schnüff und dem apfelgroßen Wunderbrötchen.

In den Fingern, Händen und Armen, in der Nase, im Magen, in den Haarwurzeln krabbelte und zerrte es – und das alles in Richtung Schmelzbrötchen, dem weder Beine wuchsen, um in einem leichten Bogen den Teller zu umgehen, noch Flügel, um ihn zu überfliegen. Schnüff rutschte auf dem Stuhl hin und her, als ob er die Krätze hätte, er kniff sich in die Waden, kratzte sich die Kopfhaut wund, bohrte angestrengt in der Nase, schlüpfte aus den Schuhen, schlüpfte in die Schuhe, steckte beide kleinen Finger in die Ohren, renkte sich die Zehen aus, renkte sich die Zehen wieder ein – alles half nichts: Der Holunderbrei blieb da wie eine tonnenschwere Masse. Der Teller löste sich nicht auf, kein Blitz fuhr ins Haus, der Löffel machte sich nicht davon, keine Katastrophe geschah, um den gräßlichen, widerlichen, ekelhaften Holunderbrei zu vernichten.

Seit zwei Stunden kämpften Schnüffs Gaumen, Magen, Därme und vor allem sein Starrkopf gegen den Inhalt des Tellers. Er hatte den Schluckauf von eins bis fünfzig durchexerziert, hatte die Uhrzeiger beschworen, ein wenig rascher rundum zu laufen, damit der Tisch bald fürs Nachtessen gebraucht würde, er hatte sich beinahe zu einem Gebet aufgerafft, hatte nach Tasso, dem Hund, gerufen, um dem den Brei anzudrehen. Aber Tasso durfte nicht ins Haus, und gerade heute hielt er sich mit Würde an das Verbot.

Die Mutter hatte gesagt: „Gemüse ißt du nicht, Salat ist dir zuwider, vor Reishuhn läufst du davon, Dörräpfel machen dich krank, bei Joghurt rümpfst du die Nase, Suppe magst du nicht, mit Rhabarber trödelst du so lange herum, bis es einen die Wände hochtreibt. – Der Holunderbrei wird aufgegessen, du kannst meinetwegen bis am Abend sitzenbleiben…!“

Und die Großmutter hatte ganz ruhig festgestellt: „Bei uns wird gegessen, was auf den Tisch kommt, das weißt du!“

Schnüff hatte für solche Fälle eine eigene Technik eingeübt: Er nahm einen Bissen, starrte mit leerem Blick auf das eingerahmte Bild an der gegenüberliegenden Wand, auf dem in Schönschrift stand: „Trotz allem!“ Dann blähte er ein wenig die Backen, würgte, schloß die Augen einen Moment, schluckte möglichst viel Luft und entließ dem Magen einen verdrückten

Rülpser, so daß Herr Knopf furchtsam aufschaute und sagte: „Gleich übergibt er sich!“

Manchmal half diese Methode, das Essen etwas abzukürzen oder sogar den Grundsatz des „Alles-Essens“ für einmal vergessen zu lassen. Aber heute hatte es nicht geklappt. Herr Knopf stellte sich taub, und auch sonst erbarmte sich keiner. Der Holunderbrei mußte gegessen werden, selbst wenn Schnüff daran zugrunde ging!

Nur ein Ansporn wurde ihm gewährt: Als Tante Daniela nach dem Essen zum Bäcker ging, trug ihr die Mutter auf, ein Schmelzbrötchen mitzubringen.

Das Brötchen wurde als Belohnung fürs Breiessen auf den Tisch gestellt. Dann ließ man Schnüff allein. „Das ist nicht zum Zusehen. Ich frage mich, wie lange dein Dickschädel das aushält“, hatte die Mutter gesagt.

„Meinen Dickkopf könnt ihr haben, aber ich freß das Zeug nicht!“

Damit war Schnüff knapp an einer Ohrfeige von Onkel Matis vorbeigegangen. Die Ohrfeigen von Matis waren, das mußte Schnüff zugeben, selten und für Matis' Kräfte verhältnismäßig harmlos. War man aber wirklich bodenlos frech, so konnte Matis ausnahmsweise die Geduld verlieren, einen übers Knie legen und einem eine Lektion erteilen, die, so stellte sich Schnüff vor, einen Ochsen das Leben gekostet hätte.

Also hatte Schnüff gewartet, bis Matis an seine Arbeit gegangen war. Dann nahm er den Kampf gegen den Rest der Familie und den Holunderbrei von neuem auf.

„Lieber wälze ich mich in Hühnermist, als daß ich das Zeug schlucke!“ sagte er.

Die Mutter tat, als höre sie nicht. Schnüff, nach einer Pause: „Eher mache ich die Schulaufgaben!“ – Das bedeutete wirklich ein Opfer. Aber das Angebot schlug nicht ein.

„Ich könnte mich auch einmal richtig waschen – mit kaltem Wasser!“ Damit hatte er fast seine Seele verkauft! Noch mehr konnte man nicht verlangen, selbst für das beste Schmelzbrötchen nicht.

Aber die Mutter ging überhaupt nicht darauf ein. Schnüff versuchte es mit Ausdauer: „Der Brei ist längst kalt!"

„Das hättest du dir früher überlegen können", sagte die Mutter.

„Nicht einmal Schweine müssen Holunderbrei fressen – und dazu noch kalten!"

„Von Schweinen spricht in diesem Zusammenhang niemand!" sagte die Mutter. „Du ißt den Brei, und damit Schluß! Bevor der Brei nicht gegessen ist, will ich kein Wort mehr hören!" In Mutters Worten lag ein Ton, der Schnüff jede Hoffnung nahm.

Aber um drei Uhr würde sie den Nachmittagstee aufgießen. Vielleicht würde sie nachgeben, wenn sie sah, daß er keinen Löffel Brei gegessen und das Schmelzbrötchen auch nicht angerührt hatte!

Kurz vor drei fiel Schnüff zusätzlich noch etwas ein: In dem kleinen Büchergestell an der Wand stand ein Pflanzenlexikon. Darin konnte man vielleicht nachlesen, was für eine unmenschliche Sache Holunderbrei war. Als die Mutter in der Küche das Teewasser aufstellte, machte er einen Versuch:

„Siehst du, hier steht, daß Holunderblätter giftig sind!"

„Du brauchst keine Blätter zu essen!" sagte sie.

„Und Tee von Holunderblüten ist schweißtreibend!" sagte Schnüff.

„Du bist nicht krank!"

„Nur Vögel mögen Holunder!" sagte Schnüff.

„Holunderkonfitüre magst sogar du!"

„Aber nirgends steht, daß Menschen Holunderbrei essen müssen!" sagte Schnüff.

„Zeig einmal das Buch her!" sagte die Mutter.

Damit scheiterte Schnüffs letzter Versuch. Denn im Buch stand, daß unsere Vorfahren glaubten, im Holunder wohne ein guter Hausgeist, da fast jeder Teil des Holunderbaums zu etwas nütze sei. Das Wort „Brei" stand zwar nicht da, aber dafür hieß es, man könne aus Holunder Saft, Tee, Konfitüre und *ausgezeichnetes Mus* herstellen, und der schlimmste Satz: „Man hat den

Holunder als lebende Hausapotheke des deutschen Bauern bezeichnet."

Als die Mutter den Artikel gelesen hatte, sagte sie nur: „Du hast wohl etwas übersehen. Lies einmal den ganzen Abschnitt."

Schnüff nahm sich vor, nie mehr ein Lexikon auch nur von weitem anzuschauen.

Bevor die Mutter ging, sagte sie noch: „Damit wir uns verstehen: Du ißt den Brei! Auch wenn du eine Woche vor dem Teller sitzt!" Also blieb nichts anderes, als sich wieder auf den Stuhl fallen zu lassen und die lange Woche zu beginnen. Mal sehen, was die Leute sagten, wenn er abends die Milch nicht in die Käserei fahren konnte, weil er Holunderbrei essen sollte! Sicher würde der Käser fragen, ob Schnüff krank sei. Sicher würden sich seine Freunde erkundigen, was mit Schnüff los sei. Sicher würde Onkel Matis sagen, das gehe zu weit, damit mache man sich lächerlich. Aber noch sicherer würde inzwischen etwas passieren, das dem Schrecknis eine Wende gab. Schnüff würde jedenfalls den Brei nie und nimmer essen – selbst wenn dieser sich in Götterspeise verwandeln würde. Nein, jetzt nicht mehr! Auf diese Weise ließ er sich nicht demütigen, auch nicht von der eigenen Familie! Er hatte seinen Stolz, und dieses grauenhafte, dunkelviolette Geschlabber mit den kleinen Körnchen, das nach Holunder und nochmals nach Holunder und dann sonst nach etwas roch, das wie Holunder roch – dieser unausstehliche Magensatz sollte hier, auf dem Tisch, vertrocknen, verschimmeln, verfaulen – jetzt würde man einmal zeigen, ob man das besaß, was andere Leute Ehre nannten!

Die Uhr schlug vier. Und wie sie schlug! Langweilig, aufdringlich, und die Schläge rochen nach Holunderbrei! Eigentlich wäre jetzt Gelegenheit, einmal die Nähmaschine auszuprobieren. Schnüff wußte, wie sie funktionierte; man könnte zum Beispiel die Hosen ausziehen und versuchen, die Hosenbeine zuzunähen. Wenn Mutter das nächste Mal Kontrolle machte, könnte man sagen: „Siehst du, sogar die Hosen mögen den Holunderbrei nicht, ganz von selbst haben sie sich zugenäht!"

Und dann würde Mutter vielleicht lachen, wenn er mit nacktem Hinterteil auf dem Stuhl vor dem unberührten Teller säße, und … und … Man könnte sogar das Schmelzbrötchen in die Hosen einnähen, damit Mutter meinte, er hätte tatsächlich das Brötchen vor dem Brei gegessen, und wenn sie dann wütend die Naht auftrennte, würde das Brötchen unberührt herausfallen, und sie würde einsehen, daß man jemanden wie Schnüff nicht zwingen konnte …

Aber plötzlich hörte es draußen auf zu regnen, und kurz darauf drang die Sonne durch die Blätter des Birnbaums, und in Schnüff bereitete sich eine Wende vor, gegen die er sich vergebens wehrte.

Es fiel ihm ein, was er an diesem Nachmittag alles versäumt hatte, und daß der Regen vielleicht gar nicht so schlimm gewesen war.

Er hätte ungestört mit dem Einbau des alten Küchenherds in seinem Haus beginnen können – auf den Herd hatte er monatelang gewartet. Die Küche stellte er sich so vor, daß der Schlafraum umgebaut würde. Heute nachmittag hätte er die Erde für das Fundament des Herdes ausheben und sogar mit Betonieren beginnen können, wenn er sich nur früh genug entschlossen hätte, den Brei zu schlucken. Er hätte während des Schluckens auch an Birnen- oder Kürbiskuchen denken können, an Reisauflauf oder an mit Speckwürfeln gespickten Braten.

Möglicherweise war er auch ein bißchen hungrig geworden. Er hatte kein Nachmittagsbrot gekriegt, es war inzwischen halb fünf, und der Griff nach dem Schmelzbrötchen wurde noch verlockender.

Aber nein! Das Schmelzbrötchen würde er nicht anrühren, solange der Brei nicht verschwunden war. Sonst wäre alles vergebens gewesen, dann könnten sie sagen:

„Dem kann man nichts mehr glauben, wenn er nicht einmal durchsteht, was er sich vorgenommen hat!“ Also schloß Schnüff ein Abkommen mit sich selbst: „Wenn ich das Schmelzbrötchen bis fünf Uhr nicht angerührt habe und bis dann noch nicht verhungert vom Stuhl gefallen bin …“

Schnüff schloß die Augen und dachte an den alten Holzkochherd, den man vor zwei Tagen aus Frau Kettenrings Küche gebrochen hatte und den er verwenden durfte. Er würde das Bett aus dem Schlafraum seines Hauses vorläufig unter das Vordach stellen.

Dann würde er die Erde für das Herdfundament ausheben, an zwei Wänden eine Backsteinmauer bauen, einen Betonboden einziehen, den Herd auf dem Betonboden festmachen, dann die Ofenrohre einhängen. Die Rohre würden – das war nicht zu vermeiden – den Schwestern Bieder ein bißchen das Haus vollqualmen.

Dann würde er sich in der freien Ecke der Küche einen Küchentisch bauen, mit unzähligen Fächern und andern Einrichtungen, die das Kochen zum reinen Vergnügen machten. Aber dann dachte er daran, daß man nach dem Kochen und Essen abwaschen mußte. Doch das wäre in seinem Haus etwas ganz anderes als in den Küchen der andern Leute. Mit der Zeit könnte er Fred oder Ernst oder vielleicht sogar Rosa zum Essen einladen... In diesem Augenblick schlug es fünf; das Schmelzbrötchen stand immer noch auf dem Tisch. Nun spürte er wirklich Hunger.

Kurz nach fünf kam die Mutter in die Küche, um Feuer zu machen. Schnüff hatte sich entschlossen. Er ging mit dem Holunderbrei in die Küche und sagte: „Könntest du mir den Brei aufwärmen? Dann esse ich ihn!"

Die Mutter hob die Braue des linken Auges ein wenig und sagte: „Das Feuer brennt, es dauert nicht lange!"

'Wenn sie mich bloß jetzt nicht auslacht, sonst schmeiße ich den Brei doch zum Fenster hinaus', dachte Schnüff, und er wußte, daß er den Brei niemals zum Fenster hinausschmeißen würde.

In einigen Minuten war der Brei warm. Schnüff setzte sich an den Tisch und schaute das Schmelzbrötchen fest an. Einen Augenblick dachte er daran, daß er sich die Nase zuhalten könnte. Aber das machte Nachbars Hans – es sah ziemlich lächerlich aus, besonders bei Hans. Also hielt Schnüff nur den

Atem an und löffelte den Brei wie gehetzt in den Mund, sammelte drei Löffel an und schluckte, atmete kurz, steckte wieder drei Löffel hinein, schluckte, und es dauerte keine zehn Minuten, bis der Teller leer war.

Schnüff staunte: Er war nicht tot! Er mußte sich nicht einmal erbrechen!

Aber nun: ein Griff nach dem Schmelzbrötchen!

Und das Schmelzbrötchen war das absolute Wunder – nur ein ziemlich kurzes.

Als er den leeren Teller in die Küche brachte, erwartete er, daß die Mutter etwas Besonderes sagte.

Aber sie sagte: „Also dann!"

Sie sagte das so, als wäre der ganze Nachmittag nicht gewesen, als hätte Schnüff mit den andern gegessen und als folgte nun das Tischgebet.

Als er ein bißchen enttäuscht dreinschaute, fügte sie hinzu: „Das Theater wäre nicht nötig gewesen. Aber draußen ist schönes Wetter!"

Schnüff zögerte. Er stand ein wenig hilflos in der Küche.

Da sagte die Mutter: „Ach, du bist doch ein unmöglicher Dickkopf!" Und dann gab sie Schnüff einen Kuß.

Der Kuß schmeckte noch besser als das Schmelzbrötchen.

Josef Weinheber

Der Phäake

Ich hab sonst nix, drum hab ich gern
ein gutes Papperl, liebe Herrn:
Zum Gabelfrühstück gönn ich mir
ein Tellerfleisch, ein Krügerl Bier,
schieb an und ab ein Gollasch ein,
(kann freilich auch ein Bruckfleisch sein),
ein saftiges Beinfleisch, nicht zu fett,
sonst hat man zu Mittag sein Gfrett.
Dann mach ich – es is eh nicht lang
mehr auf Mittag – mein' Gesundheitsgang,
geh übern Grabn, den Kohlmarkt aus
ins Michaeler Bierwirtshaus.
Ein Hühnersupperl, tadellos,
ein Beefsteak in Madeirasoß,
ein Schweinspörkelt, ein Rehragout,
Omletts mit Champignon dazu,
hernach ein bisserl Kipfelkoch
und allenfalls ein Torterl noch,
zwei Seidel Göß – zum Trinken mag
ich nicht viel nehmen zu Mittag –
ein Flascherl Gumpolds, nicht zu kalt,
und drei, vier Glaserl Wermuth halt.
Damit ich's recht verdauen kann,
zünd ich mir mein Trabukerl an
und lehn mich z'rück und schau in d' Höh,
bevor ich auf mein' Schwarzen geh.
Wann ich dann heimkomm, will ich Ruh,
weil ich ein Randerl schlafen tu,
damit ich mich, von zwei bis vier,

die Decken über, rekreier.
Zur Jausen geh ich in die Stadt
und schau, wer schöne Stelzen hat,
ein kaltes Ganserl, jung und frisch,
ein Alzerl Käs, ein Stückl Fisch,
weil ich so früh am Nachmittag
nicht schon was Warmes essen mag.
Am Abend, muß ich Ihnen sagn,
eß ich gern leicht, wegn meinen Magn,
Hirn in Aspik, Kalbsfrikassee,
ein kleines Züngerl mit Püree,
Faschierts und hin und wieder wohl
zum Selchfleisch Kraut, zum Rumpsteak Kohl,
erst später dann, beim Wein zur Not,
ein nett garniertes Butterbrot.
Glaubn S' nicht, ich könnt ein Fresser wern,
ich hab sonst nix, drum leb ich gern,
kein Haus, kein Auto, nicht einmal
ein G'wehr im Überrumplungsfall.
Wenn nicht das bissel Essen wär –

(Stimme des Volkes) Segn S', d e s w e g e n
ham S' nix, liaber Herr!

FRIEDRICH TORBERG

Die Gastgeberin

VOM HAUSPERSONAL IST ES nicht weit zur Hausfrau und von der Köchin nicht weit zur Wichtigkeit der Kochkunst, die in den arrivierten Bürgerhäusern – wie schon an Hand der Tante Jolesch dargetan – eine überragende Rolle gespielt hat, sowohl innerhalb der Familie wie nach außenhin. Es gab Hausfrauen, deren Lebensehrgeiz sich ausschließlich auf die Gastlichkeit ihres Hauses und auf die Qualität ihrer Küche richtete. Mit erstklassigen Lieferanten und einer erstklassigen Köchin war's da bei weitem nicht getan, es mußte noch ein hohes Maß von persönlichem Einsatz und Verantwortungsgefühl hinzukommen. Hausfrauen dieser Art gingen gemeinsam mit der Köchin (der sie an Schulung und Können nichts nachgaben) auf den Markt, wählten und prüften die einzukaufenden Materialien mit größter Sachkenntnis, standen stundenlang am Herd, um die Zubereitung des Gastmahls nicht etwa bloß zu überwachen, sondern tatkräftig mitzugestalten. Jeder Gang, der dann auf den Tisch kam, war ein kulinarisches Meisterwerk, jeder Gast, der am Tische saß, wußte sich in der Obhut der wachsamen Hausfrau, die ihre Blicke unauffällig umherschweifen ließ, ob denn auch alles in Ordnung wäre, nichts blieb ihr verborgen, schon erging an das bereitstehende Serviermädchen der stumme Wink, ein Weinglas nachzufüllen, schon hatte sie am unteren Ende der Tafel den Unglücklichen erspäht, der vom Hinterteil der gebratenen Gans ein schwer zu behandelndes Stück erwischt hatte, schon kam mit freundlichem Lächeln ihr rettendes Aviso: „Herr Popper, ich sehe, Sie plagen sich … Minna!" und schon servierte Minna einen saftigen, fleischigen Bügel. Wahrlich, man durfte zufrieden sein, die Gäste mit der Hausfrau und die Hausfrau mit sich.

Eine der idealen Repräsentantinnen dieses Hausfrauentypus lebte in Prag und hieß Frau Löwenthal. Da in Prag zwischen „gut geführtem Haus“ und guter Position in der gesellschaftlichen Hierarchie die denkbar stärkste Wechselwirkung bestand, rechnete man sich's (vom Genuß ganz abgesehen) zur Ehre an, im Hause Löwenthal eingeladen zu sein, und machte sich eine dementsprechende Ehre daraus, die Löwenthals ihrerseits einzuladen. Bisweilen, zumal während der Hochsaison, wechselten Einladungen und Gegeneinladungen einander fast täglich ab, so daß Frau Löwenthal alle Mühe hatte, sowohl ihren Verpflichtungen als Gast wie ihren Pflichten als Gastgeberin gewachsen zu bleiben.

Und so geschah es denn, daß sie eines Tags – noch unterm Druck der vorangegangenen Strapazen und in Gedanken schon bei den bevorstehenden – am gastlich gedeckten Tische Platz nahm, ein wenig geistesabwesend in der aufgetragenen Vorspeise zu stochern begann (es handelte sich, meinem Gewährsmann zufolge, um gratinierten Karfiol mit Sauce hollandaise) und den ersten Bissen zum Mund führte.

Im selben Augenblick wich ihre Geistesabwesenheit jähem Entsetzen. Sie erbleichte, sie errötete, sie schob mit schamhaft gesenktem Kopf den Teller von sich und sagte in die von ihrem auffälligen Verhalten hervorgerufene Stille:

„Meine Herrschaften, ich muß Sie um Entschuldigung bitten. *Was* da passiert ist, kann ich mir nicht erklären – wahrscheinlich waren die letzten Tage zuviel für mich – aber wie immer dem sei: *essen* kann man das *nicht.* Ich bitte um Entschuldigung.“

Und blickte auf und sah, daß sie in einem andern Hause eingeladen war.

Der Bericht verschweigt, ob es ihr geglückt ist, ihre Bitte um Entschuldigung derart umzufunktionieren, daß sie von den Gastgebern akzeptiert wurde.

FRANZ HOHLER

Die Grillparty

SIE KENNEN DIESE KLEINEN Anlässe, wo eine Familie die andere zu sich in den Garten einlädt, auf den Abend, um ein paar Jägerschnitzel zu grillieren, oder Schweinsbrustspitzen, oder Kaninchenkeulen, und dazu trinkt man einen nicht zu teuren Rotwein, der aber doch nach etwas aussieht, Médoc vielleicht oder Fleurie, appellation contrôlée, keine Schloßabfüllung, man trinkt schon, bevor das Fleisch gar ist, denn meistens macht es etwas Mühe, die richtige Hitze hinzukriegen mit den Holzkohlen, der Hausherr kniet mit rot angelaufenem Gesicht neben dem einbetonierten Grillpfeiler und bläst, die Lippen wie zum Kuß gespitzt, in die Glut, ab und zu dreht er den Rost heraus und spritzt etwas Spiritus auf die Kohlen, eine Stichflamme schießt auf, die sogleich in weißen Rauch übergeht, und dann zischen wieder Fetttropfen vom Fleisch in die Glut und erwecken kleine Flämmchen, und am Tischchen daneben trinkt man weiter vom günstigen Bordeaux, greift immer wieder in die Salznüßchen und Käsecrackers, knirschend und knackend bändigt man seinen Hunger, pickt sich auch schon scherzend ein Salatblatt aus der Schüssel, die zweite Flasche wird geöffnet, die dritte auch, und wenn sich der Hausherr endlich ächzend und triumphierend zugleich erhebt und schweißnaß mit den bedenklich geschwärzten Fleischstücken zum Gartentisch wankt, hat die Stimmung schon eine Ausgelassenheit erreicht, die es ohne weiteres möglich macht, daß ein Gast, und das passierte Herrn Sch. aus Z. tatsächlich, daß Herr Sch., als ihm die Gastgeberin die Meerrettichsauce reichte, rief: „Meerrettich? Igittigitt!" und das Gläschen mit der Sauce im Überschwang über die Schulter nach hinten warf. Vor der Hecke des Gartens führte aber die

Quartierstraße durch, und dort standen gerade zwei Buben mit ihren Fahrrädern; der erste der beiden wurde von der Meerrettichsauce so überraschend am Hinterkopf getroffen, daß er das Gleichgewicht einbüßte und auf den zweiten Buben fiel, der nun mit dem ersten zusammen auf die Straße stürzte. Im selben Augenblick wollte sich ein Motorradfahrer, der am Ende der Straße wohnte, auf seine Sonntagabendausfahrt begeben, er fuhr die Straße herunter und versuchte, den fallenden Buben auszuweichen, verlor dadurch die Herrschaft über sein Fahrzeug, durchbrach einen leichten Holzzaun und schlitterte, immer noch aufrecht, durch ein steiles Rosenbeet auf eine Rasenfläche hinab, wo eine andere Familie eine Grillparty abhielt.

Das Durcheinander war grauenhaft. Das Motorrad fegte das Anrichtetischchen voll Veltlinerflaschen, Kartoffelsalat und Erdbeertörtchen weg, dem Fahrer schlug es die Beine in die Glut, heiße Koteletts und glühende Kohlen flogen durch die Luft und trafen die Gäste im Gesicht oder auf den Kleidern, eine Spitze des Faltgrills bohrte sich der Hausfrau in den Unterarm, die Spiritusflasche explodierte wie ein Molotowcocktail am Geräteschuppen, der sofort in Flammen stand, der Motorradfahrer schleppte sich zur Seite und riß sich seine schmorenden Lederhosen ab, bevor er in Ohnmacht sank – ich weiß nicht genau, was noch alles geschah und wie stark das Feuer schon vom Geräteschuppen aufs Haus übergegriffen hatte, als der Pikettwagen eintraf, ich weiß nur, daß Herr Sch. sich wünschte, er wäre nicht in Z., sondern in K. oder M. oder noch weiter entf., in W. a. A. oder C. s. S., aber was half's ihm, er war da, und er war schuld, und es wundert wohl weder Sie noch mich, daß er seither immer ein bißchen zusammenzuckt, wenn er das Wort „Meerrettich" hört.

PETER ROSEGGER

Als dem kleinen Maxl das Haus niederbrannte

ICH ERINNERE MICH noch gar gut an jene Nacht. Ein dumpfer Knall, als wenn die Tür des Schüttbodens zugeworfen worden wäre, weckte mich auf. Und dann klopfte jemand am Fenster und rief in die Stube herein: Wer des Klein Maxel Haus brennen sehen wolle, der möge aufstehen und schauen gehen.

Mein Vater sprang aus dem Bette, ich erhob ein Jammergeschrei und dachte fürs nächste daran, meine Kaninchen zu retten. Wenn bei besonderen Ereignissen wir anderen über und über aus Rand und Band gerieten, so war es allemal die blinde Jula, unsere alte Magd, die uns beruhigte. So sagte sie auch jetzt, daß ja nicht unser Haus im Feuer stehe, daß das Klein-Maxel-Haus ein halbe Stunde weit von uns weg wäre; daß es auch nicht sicher sei, ob das Klein-Maxel-Haus brenne, daß ein Spaßvogel vorbeigegegangen sein könnte, der uns die Lug zum Fenster hineingeworfen, und daß es möglich sei, daß gar niemand hereingeschrien hätte, sondern uns nur so im Traume vorgekommen wäre.

Dabei streifte sie mir das Höselein und die Schuhe an, und wir eilten vor das Haus, um zu sehen.

„Auweh!“ rief mein Vater, „'s ist schon alles hin.“

Über den Waldrücken herüber, der sich in einem weitgebogenen Sattel durch die Gegend legt und das Ober- und Unterland voneinander scheidet, strebte still und hell die Flamme auf. Man hörte kein Knistern und Knattern, das schöne, neue Haus, welches erst vor einigen Wochen fertig geworden war, brannte wie Öl. Die Luft war feucht, die Sterne des Himmels waren verdeckt; es murrte zuweilen ein Donner, aber das Gewitter zog sich sachte hinaus in die Gegenden von Birkfeld und Weiz.

Ein Blitz – so erzählte nun der Mann, der uns geweckt hatte, der Schaf-Gistel war's – wäre etlichemal hin und her gezuckt, hätte ein Drudenkreuz auf den Himmel geschrieben und wäre dann niederwärts gefahren. Er wäre aber nicht mehr ausgeloschen, der lichte Punkt an seinem untern Ende wäre geblieben und rasch gewachsen, und da hätte er, der Mann, gedacht: Schau du, jetzt hat's den Klein Maxel 'troffen.

„Wir müssen doch schauen gehen, daß wir was helfen mögen", sagte mein Vater.

„Helfen willst da?" versetzte der andere, „wo der Donnerkeil dreinfahrt, da rühr' ich keine Hand mehr. Der Mensch soll unserm Herrgott nicht entgegenarbeiten, und wenn der einmal einen Himmletzer aufs Haus wirft, so wird er auch wollen, daß es brennen soll. Hernachen mußt wissen, ist so ein Einschlagets auch gar nicht einmal zu löschen."

„Deine Dummheit auch nicht", rief mein Vater, und zornig, wie ich ihn noch selten gesehen hatte, schrie er dem Gistel ins Gesicht: „Du bist blitzdumm!"

Ließ ihn stehen und führte mich an seiner Hand rasch davon. Wir stiegen ins Engtal hinab und gingen am Fresenbach entlang, wo wir das Feuer nicht mehr sehen konnten, sondern nur die Röte in den Wolken. Mein Vater trug einen Wasserzuber bei sich, und ich riet, daß er denselben gleich an den Fresen füllen solle. Mein Vater hörte gar nicht drauf, sondern sagte mehrmals vor sich hin: „Maxel, aber daß dich jetzt so was treffen muß!"

Ich kannte den kleinen Maxel recht gut. Es war ein behendiges, heiteres Männlein, etwa in den Vierzigern; sein Gesicht war voll Blatternarben, und seine Hände waren braun und rauh wie die Rinden der Waldbäume. Er war seit meinem Gedenken Holzhauer in Waldbach.

„Wenn einem andern das Haus niederbrennt", sagte mein Vater, „na, so brennt ihm halt das Haus nieder."

„Ist's beim Klein Maxel nicht so?" fragte ich.

„Dem brennt alles nieder. Alles, was er gestern gehabt hat und heut hat und morgen hätt und haben könnnen."

„So hat der Blitz den Maxel leicht selber erschlagen?"

„Das wär's best', Bub. Ich vergunn' ihm das Leben, Gottseid, ich vergunn' ihm's – aber, wenn er ehvor hätt' beichten mögen und in keiner Todsünd' wär' gewesen, wollt' richtig gleich sagen, das allerbest', wenn's ihn auh selber troffen hätt'."

„Da wär' er jetzt schon im Himmel oben", sagte ich.

„Watsch nur nicht so ins nasse Gras hinein. Geh gleim hinter mir und halt dich beim Jankerzipf an. Vom Maxel, von dem will ich dir jetzt was sagen."

Der Weg ging sanft berganwärts. Mein Vater erzählte.

„Jetzt kann's dreißig Jahr aus sein – ist der Maxel ins Land kommen. Armer Leute Kind. Die erst' Zeit hat er bei den Bauern herum einen Halterbuben gemacht, nachher, wie er sich ausgewachsen hat, ist er in den Holzschlag 'gangen. Ein rechtschaffener Arbeiter und allerweil fleißig und sparsam. Wie er Vorarbeiter ist worden, hat er sich vom Waldherrn ausgebeten, daß er das Sauerwiesel auf der Gfarerhöh ausreuten und für sein Lebtag behalten dürfe, weil er soviel gern eigen Grund und Boden hätte. Ist ihm gern zugesagt worden, und so ist der Maxel alle Tag', wenn sie im Holzschlag Feierabend gemacht haben, auf sein Sauerwiesel 'gangen, hat den Strupp weggeschlagen, hat Gräben gemacht, hat Steine ausgegraben, hat die Wurzeln des Unkrautes verbrannt – und in zwei Jahren ist das ganze Sauergütel trockengelegt, und es wachst gutes Gras drauf, und gar ein Fleckel Brandkorn hat er anbaut. Wie es so weit angeht, daß er's auch mit Kohlkraut hat probiert, und gesehen, wie gut es den Hasen schmeckt, ist er um Waldbäume eingekommen. Die können sie ihm nicht schenken wie das Sauerwiesel, die muß er abdienen. So hat er Arbeitslohn dafür eingelassen, und die Bäume hat er umgehauen und viereckig gehackt und abgeschnitten zu Zimmerholz – alles in den Feierabenden, wenn die anderen Holzknechte lang schon auf dem Bauch sind gelegen und ihre Pfeifen Tabak haben geraucht. Und nachher hat er angehebt, an solchen Feierabenden andere Holzhauer zu verzahlen, daß sie ihm bei den Arbeiten helfen, die ein einziger Mensch nicht dermachen kann, und so hat er auf dem Sauerwiesel sein Haus gebaut. Fünf Jahr lang hat er daran gearbeitet, aber nachher – du weißt ja selber, wie es dagestanden ist mit den goldroten Wänden, mit den hellen Fenstern und der Zierat auf dem Dach herum – schier vornehm anzuschauen. Ein fein' Gütel ist worden auf der Sauerwiese, und wie lang wird's denn her sein, daß uns unser Pfarrer bei der Christenlehr' den Klein Maxel als ein Beispiel des Fleißes und der Arbeitsamkeit hat aufgestellt? Nächst' Monat hat er heiraten wollen; und daß er heraufgestiegen ist vom Waisenbuben bis zum braven Hausbesitzer und Hausvater – Bub, da ruck dein Hütel! – Und jetzt ist auf einmal alles hin. Der ganze Fleiß und alle Arbeit die vielen Jahr her ist umsonst. Der Maxel steht wieder auf demselben Fleck wie vorher."

Ich habe dazumal meine Frömmigkeit noch aus der Bibel bezogen, und so entgegnete ich auf des Vaters Erzählung: „Der Himmelvater hat den Maxel halt gestraft, daß er so aufs Zeitliche ist gegangen wie die Heiden, und der Maxel hat sich leicht ums Ewige zu wenig gesorgt. Sehet die Vöglein in den Lüften, sie säen nicht, sie ernten nicht –"

„Sei still!" unterbrach mich der Vater unwirsch, „der das hat gesagt, ist der König Salomo gewest, der kann so was schon sagen. Unsereiner sollt's probieren! – Ich kenn' mich nimmer aus, und das sag' ich, wenn's mir so geht wie dem Klein Maxel, ich bin verzagt und heb' an zu faulenzen. Wenn ein Mensch mit dem Zündholz in ein Strohdach fährt, so wird er in den Kotter gesteckt – ist auch recht, gehört ihm nichts anderes. Aber wenn einer vom Himmel herunter Feuer auf das nagelneue Haus wirft, das ein armer, braver Arbeitsmann gebaut –"

Er unterbrach sich. Wir standen auf der Anhöhe, und vor uns loderte die Wirtschaft des Klein Maxel, und das Haus brach eben in seinen Flammen zusammen. Mehrere Leute waren da mit Hacken und Wassereimern, aber es war nichts anderes zu machen, als dazustehen und zuzuschauen, wie die letzten Kohlenbrände in sich einstürzten. Das Feuer war nicht wütend, es brüllte nicht, es krachte nicht, es fuhr nicht wild in der Luft herum; das ganze Haus war eine Flamme, und die qualmte heiß und weich zum Himmel auf, von wannen sie gekommen.

Eine kleine Strecke vom Brande war der Steinhaufen, auf welchen der Maxel die Steine der Sauerwiese zusammengetragen hatte. An demselben saß er nun, der kleine, braune, blatternarbige Maxel, und sah auf die Glut hin, deren Hitze auf ihn herströmte. Er war halb angekleidet, hatte seinen schwarzen Sonntagsmantel, das einzige, was er gerettet, über sich gehüllt. Die Leute traten nicht zu ihm; mein Vater wollte ihm gern ein Wort der Teilnahme und des Trostes sagen, aber er getraute sich auch nicht zu ihm. Der Maxel lehnte so da, daß wir meinten, jetzt und jetzt müsse er aufspringen und einen schreckbaren Fluch zum Himmel stoßen und sich dann in die Flammen stürzen.

Und endlich, als das Feuer nur mehr auf dem Erdengrund herumleckte und aus den Aschen die kahle Mauer des Herdes aufstarrte, erhob sich der Maxel. Er schritt zur Glut hin, hob eine Kohle auf und zündete sich die Pfeife an.

Ich war damals doch noch klein und konnte nicht viel denken. Aber an das erinnere ich mich: Als ich in der Morgendämmerung den Klein Maxel vor seiner Brandstätte stehen sah, und wie er den blauen Rauch aus der Pfeife sog und von sich blies, da war mir in meiner Brust plötzlich heiß. Als ob ich es fühlte, wie mächtig der Mensch ist, um wieviel größer als sein Schicksal, und es für das Verhängnis keinen größeren Schimpf gäbe, als wenn man ihm in aller Seelenruhe Tabakrauch in die Larve bläst.

Und als die Pfeife brannte, setzte er sich wieder auf den Steinhaufen und blickte in die Gegend hinaus. Was er gedacht hat, das möchtet ihr wissen? Ich auch.

Später hat der Klein Maxel die Asche seines Hauses durchwühlt und aus derselben sein Schlagbeil hervorgezogen. Er schaftete einen neuen Stiel an, er machte es an einem Schleifsteine der Nachbarschaft wieder scharf – und ging an die

Arbeit. Seither sind viele Jahre vorbei: Um die Sauerwiese liegen heute schöne Felder, und auf der Brandstätte steht ein neugegründeter Hof. Junges Volk belebt ihn, und der Hausvater, der Klein Maxel, lehrt seine Söhne das Arbeiten, erlaubt ihnen aber auch das Tabakrauchen. Nicht gar zuviel – aber ein Pfeiflein zu rechter Zeit.

ALFRED POLGAR

Wie macht der Winter froh

HERR ROBERT SCHMIDT NIESTE mehrere Male. Aus dem Publikum rief man: „Zum Wohlsein!" Herr Schmidt kehrte sich erbittert nach den Rufern um, wollte etwas sagen. Der Richter klopfte mit dem Hämmerchen ungeduldig auf sein Pult.

„Angeklagter Robert Schmidt, erzählen Sie, wie sich der Vorfall abgespielt hat."

Herr Schmidt zog aus der rechten Rocktasche ein Taschentuch, schneuzte sich, dann zog er aus der linken Rocktasche ein anderes Taschentuch und schneuzte sich abermals. Dann zog er aus der rechten Rocktasche ein drittes Tuch.

„Zur Sache", rief der Richter.

„Ich bin bei der Sache", sagte der Angeklagte und schneuzte sich kräftig. Dann begann er:

„Ich muß vorausschicken, daß ich sehr empfindliche Bronchien habe, an Frostballen leide, daß mir die Kälte Haut- und Gliederschmerzen verursacht und daß mein jährlicher Schnupfen im September einsetzt und im August langsam abklingt.

Also, an jenem Tag, einem Sonntag, begann es damit, daß Thomas, mein Jüngster, daß also Thomas sich lautlos an mich, während ich das Morgenblatt las, heranschlich und mir Schnee, den er vom Fensterbrett gesammelt hatte, zwischen Rock- und Hemdkragen steckte. Thomas ist ein sehr aufgewecktes Kind. Mit seinen Einfällen könnte mancher professionale Humorist sein Auslangen finden.

Nachdem der Kleine gegangen war, setzte ich, während mir das Wasser aus den Augen rann, meine Lektüre fort und las in der Zeitung, daß die Stadt in weißer Pracht erglänzt, daß die Schneemassen, in denen die Autos steckenbleiben, ein Hermelinmantel um ihre Schultern sind und daß die beschneiten Bäume, die den Bürgersteig säumen, aussehen wie in Watte gewickelt. Weiter erfuhr ich aus der Zeitung, daß auf den gefrorenen Straßen der Boden unter den Schuhen der Fußgänger melodisch knirscht. Ich kann es verstehen, daß es knirscht.

Meine Frau, die immer den Nagel auf die empfindlichste Stelle des Kopfes trifft, sagte: ‚Sieh doch die schönen Eisblumen am Fenster.' Sie blickte gedankenvoll auf die Straße hinab, und da ich ihr von den Augen ablas, daß sie im Begriff war, etwas über fröhliches Flockenwirbeln zu sagen, ging ich früher, als ich geplant hatte, fort.

Auf der Straße begegnete ich einer Schar Kinder, die einander mit Schneebällen bewarfen. Im Bestreben, ihnen eiligst auszuweichen, kollidierte ich mit einem Laternenpfahl, den ich, da meine Brillengläser angelaufen waren, übersehen hatte.

Ich nahm die Brille ab, um sie zu putzen – und das war mein Glück! Denn eben in diesem Moment traf mich ein Schneeball ins rechte Auge. Der Schneeball war mit ziemlich viel grobem Sand und etwas Kieselsteinen gemischt. Doch dies nur nebenbei.

Sie werden vielleicht sagen, Herr Richter, daß ich, mit meiner Empfindlichkeit gegen Kälte, bei fünfzehn Grad unter Null überhaupt nicht hätte auf die Straße gehen sollen. Aber Sonntag ist der einzige Tag, an dem Molly für mich Zeit hat.

„Molly?"

„Das ist ihr Kosename. Eigentlich heißt sie Melanie."

„Aha." sagte der Richter und blickte mißbilligend auf die Glatze des Beschuldigten, der mit einer resigniert entschuldigenden Geste die Arme hob und sie wieder fallen ließ, als wollte er sagen: Das Leben ist nun einmal so und der Mensch schwach, und Alter schützt vor Torheit nicht.

„Ich war also schon sehr gereizt", fuhr er fort, „als ich vor das Schaufenster der Kunsthandlung kam, wo Molly und ich unser Stelldichein hatten. Der Wind blies abscheulich. Ich besah mir die Bilder im Schaufenster: ‚Der Schnee als Plastiker'; ‚Winterzauber'; ‚Im Schmuck der Eisblumen'.

Das Dutzend Taschentücher, das ich jeden Morgen zu mir stecke, war aufgebraucht, als mit der üblichen Verspätung Melanie erschien. Sie hatte einen Umweg durch den Park gemacht, der, sagte sie, wie in weiße Wolle gepackt daläge. Und die Bäume sähen aus wie mit ...

‚Liebes Kind', unterbrach ich sie, ‚ich bitte dich, sage nicht: wie mit Zucker bestreut. Bitte, sag das nicht.'

Sie erwiderte: ‚Ist dir lieber: mit Diamanten besetzt, die in der Sonne glitzern?'

‚Nein, weder Zucker noch Diamanten', antwortete ich. ‚Mir scheint das pure Verhöhnung der armen Bäume, denen jetzt das, was bei ihnen Herz heißt, vor Kälte im Leib erstarrt ist.'

Melanie behauptete, Bäume haben kein Herz.

Ich entgegnete: ‚Du hast keines.'

Ein Wort gab zehn andere, und als ich vom Glatteis wieder aufstand, war sie verschwunden.

Dann also kam die unglückliche Begegnung mit dem Herrn im Pelz. Er hatte schmunzelnd zugesehen, wie ich mich mühselig vom Pflaster in die Höhe rappelte, und als ich fertig war, sagte er vergnügt: ‚Sie sind seit einer Stunde schon der Sechste, der an dieser Stelle ausgleitet.' Und herzlich lachend setzte er noch hinzu: ‚Winterzeit, Winterfreud.'

‚Der Teufel hol' den Winter!' rief ich.

‚Was haben Sie denn gegen ihn?' meinte der Pelzmann. ‚Ist es nicht schön, wenn der Schnee in lustigen Flocken herunterwirbelt, Eisblumen an den Fenstern blühen, die Bäume dastehen wie mit Zucker ...' Hier traf ihn mein Stock auf den Schädel."

Der Richter wickelte sich fester in seinen Talar: „Herr Zeuge, haben Sie gesagt: wie mit Zucker?"

„Gewiß, Euer Ehren. Ist es nicht ein zauberhafter Anblick, wenn die Äste in blendendweißem Schmuck ..."

Der Richter klopfte mit dem Hammer, so kräftig ihm das Rheuma in seinem Arm dies erlaubte. Dann sprach er den Angeklagten frei, weil dieser offenbar in augenblicklicher Sinnesverwirrung gehandelt hatte.

Zu Hause wurde Herr Schmidt schon ungeduldig von seinem Sohn Fred, Gymnasiast in der IV B, erwartet. Fred plagte sich eben mit der Abfassung eines Schulaufsatzes: „Warum lieben wir den Winter?"

„Vater, warum lieben wir den Winter?"

„Aus demselben Grund, mein Sohn, aus dem wir, wie das biblische Gesetz es verlangt, unsere Feinde lieben und des Schicksals züchtigende Hand und die Ehe und die harten Pflichten, die das Leben uns auferlegt."

Aber das dachte Herr Schmidt nur so für sich. Laut sagte er: „Schreibe: Wie schön, wenn an den Fenstern die Eisblumen blühen, Bäume und Sträucher glitzern, als wären sie mit Diamantenstaub bestreut..."

ALOIS BRANDSTETTER

Von der Größe der Kleinhäusler

WAHRE GRÖSSE ABER HAT jene alte Frau, jene Achtzigjährige, Witwe und Kleinhäuslerin, die im Haus Dunzing 14 in der Gemeinde Stroheim wohnt, mutterseelenallein, das heißt mit einem weißen Fuxl, nachdem ihr mit der Zeit die Hühner und die Ziege sozusagen „weggestorben" sind. Nicht nur der Mann. Sie ist ein Musterbeispiel für einen Menschen, der wenig braucht und verbraucht. Sie ist keine Verbraucherin. Konsumiert wenig. Sie bevorzugt einfache Speisen wie Eiernockerl und Palatschinken. „In einem Taleinschnitt, umgeben von Bäumen, steht das Haus Dunzing 14. Darin nächtigten einst die Wegmacher. Nur 50 Meter von der Haustür entfernt rauscht die Aschach. Seit dem Jahr 1946 bewohnt Maridl – wie die Einsiedlerin von Bekannten liebevoll gerufen wird – das idyllisch gelegene Häuschen. Schon 46 Jahre lang sind Petroleumlampen und Kerzen ihre einzigen Lichtquellen. Die Frau besitzt einen alten Holzofen, ein Radio mit Batteriebetrieb und ein Waffenrad", heißt es in der Zeitung. Sie hat also und will keinen Stromanschluß, und obwohl ihre „sozialen" Kontakte zur freilich weit entfernten Mit- und Umwelt soweit in Ordnung sind, braucht die Frau, die früher als Aushilfskellnerin gearbeitet hat, nicht ständig „Ansprache" und „Anschluß". Angst in einsamen langen Nächten ist ihr fremd. Sie habe sich noch nie gefürchtet, sagte sie zum Reporter der „Welser Rundschau". Und das, was sie einem „ungebetenen Besucher", also einem Einbrecher, sagen würde, ist wert und würdig, das Schlußwort in dieser Prosaidylle über die Größe der Kleinhäusler, meinem Hohenlied auf die Einfachheit, zu bilden: „Bei mir findet ihr nichts. Ich bin nämlich mit der Not um ein ganzes Jahr voraus."

Paradiesische Zustände, die als solche im Allgemeinen sehr umstritten sind,

z.B.
die Zweisamkeit,
die Elternschaft,
das Reich der Fantasie,
die Kunst,
der Fortschritt,
das Menschsein.

ALFRED POLGAR

Die Handschuhe

AUF DEM WALDSPAZIERGANG äußerte die Frau plötzlich, daß sie auch einen Stock haben wolle.

„Nichts leichter als das, einen Augenblick“, sagte der Mann.

Er legte seine Handschuhe auf den Boden und verfertigte aus einem abgebrochenen Zweig eine Art von Spazierstock für die Frau. Dann gingen sie weiter, und als sie müde waren, legten sie sich ins Gras. Da bemerkte der Mann, daß ihm seine Handschuhe fehlten. „Sie müssen noch dort liegen, wo ich dir den Stock gemacht habe. Ich hole sie. Gleich bin ich wieder da.“

Er ging nun den Weg zurück, den sie gekommen waren, und überdachte hierbei, gewohnt, Fehlleistungen zu deuten, was es mit dem Vergessen der Handschuhe für Bewandtnis haben möge. Sie waren ein Geschenk der Frau; also nichts wahrscheinlicher, als daß sich in ihrem Verlieren der heimliche Wunsch kundgegeben hatte, die Frau irgendwo liegen zu lassen. Indem der Mann diesen Gedanken wog und erwog, schritt er über den Platz, wo die Handschuhe lagen, ohne sie zu sehen, hinweg und fast bis zum Ausgangspunkt des Spaziergangs zurück.

Unterdessen hatte die Frau, besorgt, wo ihr Begleiter so lange bleibe, sich aufgemacht, ging selbst den Weg, auf dem sie dem Wiederkehrenden begegnen mußte – es kam kein anderer in Frage – zurück und fand die Handschuhe dort, wo er sie hätte finden müssen. Das konnte sie sich nun ganz und gar nicht erklären. Und da sie sich den Vorfall nicht erklären konnte, bekam sie, wie das oft zu sein pflegt bei gebildeten Frauen, einen rechten Zorn auf den Mann und pumpte sich mit Ärger so voll, daß sie, als sie des Daherkommenden ansichtig wurde, ihn mit häßlichen Worten empfing und ihm die Handschuhe vor die Füße warf.

Der Mann schwankte ein wenig, betäubt durch das ganz und gar Unerwartete, dann hob er mechanisch die Handschuhe auf und wandte sich, Richtung nach Hause.

Sie ihm nach: „Jetzt bist natürlich du wieder böse ... und ich vergehe seit zwei Stunden vor Angst."

„Vor einer halben Stunde erst sind wir vom Hause weggegangen."

„Also, mir kam es länger vor als zwei Stunden. Wo warst du denn?"

„Ach, lassen wir das ..."

„Du hast eine Art, wenn dir ein Thema unangenehm ist, ihm auszuweichen, die aufreizend ist. Die Handschuhe ..."

„Ja, natürlich, wo waren die denn?"

„Genau dort, wo du sie hingelegt hast."

„Komisch, ich habe sie nicht bemerkt."

„Komisch nennst du das? Ich nenne es stupid."

Hierbei gingen sie eben über eine kleine Brücke, unter der ein Bächlein floß, und er warf die Handschuhe hinein. Diese für seine Verhältnisse leidenschaftliche Tat erschreckte die Frau so, daß sie liebevoll den Arm des Mannes nahm und lispelte: „Muschi!" Nach einigem Schweigen setzte sie hinzu: „Wie häßlich du doch sein kannst! Warum schweigst du? Warum zankst du nicht mit mir, wenn du böse bist? Warum schlägst du mich nicht?"

„Ich will dir das erklären", sagte der Mann. „Wenn ich dir eine Ohrfeige gebe – tatsächlich oder metaphorisch – so brennt *meine* Wange, und ich fühle mich geschlagen und gedemütigt. Wenn ich dir in der Wut etwas sage, um dich zu kränken, so empfinde ich meine Wut und deine Kränkung dazu, bin also doppelt übel dran. Ich kann *dir* nichts tun, ohne es *mir* zu tun. Vielleicht ist das Liebe, vielleicht Schwäche. Wenn ich nur einmal darauf käme, wie ich es machen soll, dir Schmerz zuzufügen, der *mich* nicht schmerzte! Und dann hast du mir ja das mit meinem Zartgefühl eingeredet. Du hast mir beigebracht, wenn ein feiner Mensch wie ich ‚Nicht doch!' sage, sei das schon so wie von einem anderen ein Stoß in den Magen. Also halte ich mich natürlich zurück, denn ich kann nicht riskieren, daß du, wenn ich dir ‚Dumme Gans' sage, gemordet umfällst. Ferner dein Temperament. Es kommt vor, daß du nach einem Streit auf der Gasse dich umdrehst und fortläufst. Himmel, was stehe ich da für Ängste aus! Nicht vielleicht, weil ich fürchte, du wirfst dich unter ein Auto, sondern weil ich fürchte, du gerätst unter eines, das du, ganz mit deiner Bosheit beschäftigt, übersiehst. Oh, dein Temperament! Ich habe gar keine Angst, daß du, wenn es entfesselt ist, dir etwas antust; aber ich habe Angst, daß dir dann etwas geschieht. Der Zufall ist immer gegen mich, und die heimlichen bösen Wünsche, die man so im Ärger hat, kommen auch in Betracht. Ich will dir jetzt etwas Furchtbares gestehen: *Dich* habe ich vorhin ins Wasser geworfen, nicht die Handschuhe."

Pause.

„Schön waren sie ja ohnehin nicht mehr", sagte die Frau. „Ich kaufe dir morgen ein Paar neue, Muschi."

FRANZISKA POLANSKI

Häppchenschizophrenie

*HERTHA SCHUFTET IN DER KÜCHE,
HORST GENIESST DIE LEKTÜRE EINES BUCHES
IM BÜRGERLICHEN WOHNZIMMER.*

HERTHA *(ruft aus der Küche)* Horst?
HORST: Ja, Hertha.
HERTHA Soll ich dir ein paar Häppchen machen, Horst?
HORST: Häppchen? Ach, ich weiß nicht, Hertha.
HERTHA Du hast doch gewiß Hunger, Horst.
HORST: Es geht.
HERTHA Hast du keinen Hunger?
HORST: Eigentlich nicht.
HERTHA Und wie wäre es mit ein paar Roastbeefhäppchen?
HORST: Roastbeef?
HERTHA Du ißt doch so gerne Roastbeefhäppchen.
HORST: Da kann man allerdings wirklich nicht nein sagen.
HERTHA Dann mache ich dir jetzt ein paar Häppchen, ja?
HORST: Ist gut, Hertha.
HERTHA *(plötzlich gereizt)* Aber irgendwann möchte ich heute auch einmal hinaus in die Sonne, hörst du?
HORST: Aber Hertha!
HERTHA Ich habe es satt, bei diesem herrlichen Wetter andauernd in der Küche zu stehen.
HORST: Aber du fragtest mich doch gerade, ob ich ein paar Häppchen möchte? Ich meine, kein Mensch zwingt dich.
HERTHA Meinst du, das nehme ich dir ab?
HORST: Ich wäre doch nie auf die Idee gekommen, dich jetzt um Häppchen zu bitten.

HERTHA Tu doch nicht so. Ich weiß doch, wie verrückt du auf Häppchen bist.

HORST: Hertha, es ist mir tausendmal lieber, wenn du zufrieden in der Sonne sitzt, als wenn du nervös in der Küche stehst.

HERTHA Meinst du, Häppchen machen sich von selbst?!

HORST: Natürlich nicht.

HERTHA Na also.

HORST: Diese blöden Häppchen verderben uns noch den ganzen Tag.

HERTHA *(kommt hinzu)* „Blöde Häppchen"?! Sagtest du „blöde Häppchen"?!

HORST: Ich meine ja nur, du sollst dich nicht verrückt machen, Hertha.

HERTHA Wenn hier jemand jemanden verrückt macht, dann bist du es doch!

HORST: *(verliert allmählich die Ruhe)* Ich? Wieso ich?

HERTHA Also möchtest du jetzt noch ein paar Häppchen oder nicht?!

HORST: Ich sage doch nein. Beziehungsweise ja.

HERTHA Es ist immer das gleiche. Du kannst dich nicht entscheiden.

HORST: Ich habe mich doch längst entschieden!

HERTHA So? Für was denn?

HORST: Ich habe mich dafür entschieden, daß ... Ach, jetzt weiß ich es auch nicht mehr.

HERTHA Mein Gott, du wirst doch wissen, ob du Hunger hast oder nicht!

HORST: Nein. Nein, nein, nein!

HERTHA Werde doch nicht immer gleich so emotional.

HORST: Ich werde doch nicht emotional!

HERTHA Du schreist hier herum.

HORST: Du machst einen ganz krank mit deinen Häppchen!

HERTHA Ich bitte dich. Du wirst doch wegen ein paar Häppchen nicht die Nerven verlieren.

HORST: Es geht doch nicht um die Häppchen, mein Gott!

HERTHA (*jetzt ganz ruhig, logisch*) Aber worum soll es denn sonst gehen?

HORST: Es geht darum, daß du, daß ich, daß... Ich gebe es auf.

HERTHA Wenn du so weitermachst, mußt du noch einmal in eine Anstalt.

HORST: Erst machst du einen verrückt mit deinen Häppchen, dann willst du in die Sonne, und zum Schluß soll ich in eine Anstalt!

HERTHA Ich möchte wirklich wissen, was du hast.

HORST: Ich kann nicht mehr.

HERTHA (*gelassen*) Wenn du dich einmal bemühen würdest, sachlich zu bleiben, würde es dir bessergehen, Horst.

HORST: Ich? Sachlich? Das ist ja noch schöner!

HERTHA Ja, du, wer denn sonst? Jetzt atme einmal tief durch und sage dir: Ich bin ganz ruhig, ich bin ganz ruhig.

HORST: (*genervt*) Ich bin ganz ruhig, ich bin ganz ruhig.

HERTHA (*souverän*) Gut. Und nun beantworte mir bitte folgende Frage, Horst: Möchtest du nun noch ein paar Häppchen oder nicht?

HORST: HILFE!

HERTHA Na also, warum nicht gleich so! Dann mache ich dir jetzt ein paar Häppchen. (*wieder die alte*) Aber das eine sage ich dir, wenn es morgen wieder so schön ist, stehe ich nicht den ganzen Tag in der Küche, das kannst du mir glauben!

FRIEDRICH TORBERG

Begründeter Verdacht

SEINE SELBSTIRONIE kam Franz Molnár in seinen Liebesbeziehungen sehr zustatten, vor allem um seine Eifersucht zu tarnen, die er sich und seiner Umgebung um keinen Preis eingestanden hätte (indessen das Eingeständnis der Eitelkeit, die ihr zugrunde lag, schon wieder zu den von ihm geübten Übertreibungen gehörte). Er hatte – so hieß das zu seiner Zeit, in der man ja auch noch Ausdrücke wie „Weiberheld" und „flatterhaft" gebrauchte – er hatte „Glück bei den Frauen", ohne sein Glück jemals zu überschätzen oder es gar für beständig zu halten. Da er seinerseits alles eher als beständig war, setzte er bei den Frauen, mit denen er's zu tun bekam, automatisch (und meistens mit Recht) das gleiche voraus, auch bei seinen Ehefrauen, deren es insgesamt drei gegeben hat.

Um welche von den dreien sich's im folgenden handelt, ist unwesentlich – jedenfalls verdächtigte er sie einer theoretisch unerlaubten Beziehung zu einem Budapester Journalisten, den wir Pataky nennen wollen, und stellte sie gelegentlich auf Proben wie diese, die in Form eines unvermuteten Telephonanrufs erfolgte:

„Pataky ist bei dir", säuselte er mit sanfter Bestimmtheit in den Hörer.

„Wie kommst du darauf? Sei nicht albern!" klang es unmutig zurück.

„Pataky ist nicht bei dir?"

„Nein."

„Wirklich nicht?"

„Natürlich nicht."

„Also dann sag jetzt bitte laut und deutlich: Pataky hat Schweißfüße und stinkt aus dem Mund."

„So etwas Blödes sag ich nicht."

„Tu mir den Gefallen und sag's."

„Ich denke nicht daran."

„Pataky ist bei dir", resümierte Molnár in unverändert sanftem Tonfall und legte den Hörer auf.

Übrigens war Pataky sowohl mit Molnár wie mit dessen damaliger Gattin von Kindesbeinen an befreundet und genoß dementsprechende Vergünstigungen, durfte nach Belieben kommen und gehen, ließ sich dann und wann einen Imbiß servieren oder machte von der reichhaltigen Bibliothek Gebrauch – und war bei einer solchen Lektüre eines Buches eingenickt, als Molnár nach Hause kam und das Bibliothekszimmer betrat.

Pataky schrak empor und glotzte verlegen.

„Warum fährst du allein auseinander?" fragte Molnár.

Spätestens von diesem Tag an wußte Pataky, daß Molnár im Bilde war.

Madame bekam das an einem Abend zu merken, den Molnár im Theater verbringen wollte und anschließend im Schriftsteller-Club, er würde sehr spät nach Hause kommen, kündigte er an – und hatte längst den Plan gefaßt, durch verfrühte Heimkehr vielleicht auf einen handfesten Beweis in Sachen Pataky zu stoßen. Als es soweit war, verließ ihn der Mut zum Überraschungseffekt, das geplante Manöver erschien ihm – allerdings eigener Aussage zufolge – eines souveränen Mannes unwürdig, und um einem möglichen Eklat vorzubeugen, rief er von unterwegs zu Hause an, daß er früher kommen würde.

Er fand seine Gattin lesend im Salon, dessen peinlich geordnete Sauberkeit ihm sofort auffiel. Auch die zu solcher Stunde ungewöhnlich reine Luft fiel ihm auf. Man hatte also kurz zuvor gelüftet. Warum? Weil sehr viel geraucht worden war, mehr als eine lesende Gattin rauchen kann, mehr und andres, wahrscheinlich Zigarren, aber die sorgfältig geleerten Aschenbecher wiesen keinerlei Spuren auf.

Molnár begab sich ins Badezimmer. Zurückgekehrt setzte er sich seiner Frau gegenüber:

„Mein Kind“, sagte er, „ich gebe dir jetzt etwas mit fürs Leben. Wenn du Champagnerstöpsel verschwinden lassen willst, wirf sie nie in die Abortschüssel. Sie gehen nicht unter.“

Und auf solche Art Verdacht zu äußern, war eines souveränen Mannes schon eher würdig.

Franziska Polanski

In den Uffizien

SOHN: Wie lange müssen wir denn hier noch herumstiefeln?

MUTTER: Ihr befindet euch in einem der herrlichsten Museen der Welt und redet von „herumstiefeln"!

TOCHTER: Uff! … izien.

MUTTER: Ich verstehe gar nicht, warum meine Kinder so wenig Sinn für Kultur haben. Ich verstehe das nicht.

SOHN: Ich habe Hunger.

MUTTER: Paul! Sag doch auch einmal etwas, Paul!

VATER: Mutter hat recht.

MUTTER: Nehmt euch bitte zusammen. Wir gehen jetzt in die Säle Botticellis. Die Säle Botticellis sind das Herzstück der Uffizien.

SOHN: Saal 10 bis 14. Puh!

MUTTER: Versuche doch bitte einmal, dem Jungen etwas beizubringen, Paul.

VATER: Sieh mal, Manfred, das dort unter der Decke ist eine Klimaanlage. Klimaregulation der Luftfeuchtigkeit wegen der Bilder.

MUTTER: Was sagst du? Mein Gott, wie kannst du denn jetzt von einer Klimaanlage sprechen!?

VATER: Immerhin hin ich Klimatechniker.

MUTTER: Es ist kaum zu fassen! Man steht mitten zwischen lauter Botticellis, und er redet von Klimaanlagen! Kaum zu fassen! Die Kinder sollten wenigstens hier einmal lernen, was Kunst heißt.

VATER: Ich werde verrückt! Ein Temperaturfühler von „Becker und Schneider"! Ich werde verrückt, Anna!

MUTTER: Wirklich unglaublich!

TOCHTER: Überall diese goldenen Haare.

MUTTER: Die goldenen Haare sind ja eben das Charakteristische für Botticelli.

TOCHTER: Schrecklich!

MUTTER: Sieh dir lieber die „Geburt der Venus“ an.

TOCHTER: Wo?

MUTTER: Mein Gott, vor dir. Vor dir an der Wand, Kind! – Ich finde es einzigartig, wenn man so davorsteht. Wirklich einzigartig. So ein riesenhaftes Gemälde. Erhebend! Wenn man bedenkt, daß das vor 500 Jahren gemalt ist!

SOHN: Ist das auch eine Klimaanlage, Vater?

VATER: Klar. Den Temperaturfühler dort, den haben wir entwickelt. Meine Firma. Computergesteuerte Rückmeldung direkt an die Zentraleinheit. Feiner kannst du die Temperatur gar nicht regulieren.

MUTTER: Paul!

TOCHTER: Und warum ist das kein Kitsch?

MUTTER: Die „Geburt der Venus“? Du bist ja verrückt.

TOCHTER: Diese Muschel ist doch kitschig.

MUTTER: Du solltest lieber im Kunstführer nachlesen, bevor du so unüberlegt daherredest.

TOCHTER: Und woher weiß man, daß es kein Kitsch ist?

MUTTER: Wenn es Kitsch wäre, würde es nicht in den Uffizien hängen. Hör zu: „Man verspürt den poetischen Geist des duftig flatternden Haares der Schaumgeborenen, so daß Wind, Welle und Muschel sich zu einer einzigartigen Allegorie von tiefsichtig transparenter Sinnhaftigkeit dem Betrachtenden erschließen.“ Seite 71. Das solltest du empfinden.

TOCHTER: Ich finde es kitschig.

MUTTER: Mein Gott, Kind!

VATER: Wau! Ist das die Venus? Die Figur ist nicht übel.

Mutter: Ist das alles, was du zu diesem Meisterwerk zu sagen hast!?

VATER: Entschuldige.

MUTTER: Ich habe es jetzt wirklich satt. Anstatt mit kunstverständigen, kultivierten Leuten die Schätze der Uffizien zu genießen, bin ich mit einer Meute von Banausen in Florenz. Und diese Banausen sind auch noch meine Familie. Ich habe es jetzt wirklich satt.

SOHN: Au ja!

MUTTER: Ich bemühe mich, euch etwas von den Schönheiten der Renaissance zu vermitteln, und was ist der Dank? Man stößt auf lauter Unverständnis und muß sich geschmacklose Bemerkungen anhören! Nein, wirklich, ich habe es satt.

SOHN: Vorne rechts geht's raus, Vater.

MUTTER: Daß man in so einer Stimmung die Uffizien verläßt. Eine Schande!

VATER: Aber Anna. Reg dich doch nicht so auf, Anna. – Schon wieder. Überall Temperaturfühler von „Becker und Schneider“. Hättest du das gedacht, daß die hier so viele Temperaturfühler von meiner Firma haben? Wirklich Wahnsinn, diese Uffizien.

MUTTER: Eine Schande!

KRYSTYNA ZYWULSKA

Das Tagebuch der Schwiegermutter

ES GIBT TAGEBÜCHER von Diplomaten, Schauspielerinnen, Schriftstellern, Kellnern, Häftlingen und Hausfrauen, aber soviel ich weiß, gibt es heute noch kein Tagebuch von Schwiegermüttern. Ich habe mir vorgenommen, diese Lücke zu schließen. Wenn man Söhne hat, erscheinen früher oder später auch Schwiegertöchter auf der Bildfläche. Wenn man seinen Sohn gern hat, liebt man die Dinge, die er gern hat: seinen Teddybären, seine Eisenbahn, seine Bücher, seine Schallplatten (auch wenn er sie manchmal sehr laut abspielt), seinen ersten Bart, seine erste Liebe und früher oder später auch die Schwiegertochter. Und weil die Liebe zu seiner Frau größer ist als die zu seinem Teddybären und hoffentlich länger hält als die zu seiner Eisenbahn, öffnet man die Arme weit, um die Schwiegertochter zu empfangen. Genauso habe ich es gemacht.

Montag:

Ich habe mich entschlossen, meine Begeisterung über die Existenz meiner Schwiegertochter auf ganz persönliche Art und Weise auszudrücken. Längst habe ich bemerkt, daß junge Menschen eine tiefe Aversion gegen das Spülen haben. Folgerichtig fing ich also gleich nach dem Verschwinden der letzten Hochzeitsgäste mit jugendlichem Schwung an, das schmutzige Geschirr abzuwaschen. Als das junge Paar nach einiger Zeit von seinem Hochzeitsspaziergang zurückkam, war das Geschirr sauber und die Küche aufgeräumt. Zuerst fiel mir die ganze Sache noch nicht auf, aber nachdem sie jeden Teller einzeln hochgehoben und gegen das Licht gehalten hatte (und noch dazu kicherte), fragte ich höflich, um welches Spiel es sich handele.

„Kein Spiel", entgegnete mein Sohn mit ernster Miene, „du spülst nicht sauber."

Mir blieb vor Schreck der Mund offenstehen, denn bis zur Stunde hätte mein Sohn in einem Schweinestall essen können, ohne es zu bemerken. Er hatte wohl meine Verwunderung mitbekommen, denn er sagte: „Ich habe es übrigens nicht gesehen, es war meine Frau, der es aufgefallen ist."

„Das habe ich mir gedacht", antwortete ich, und ich freute mich im stillen, daß sie ihn noch in einen Ästheten verwandeln würde.

Dienstag:

Ich habe beim Geschirrabwaschen jeden Teller einzeln angehaucht und ihn danach zweimal poliert. Trotzdem war das junge Paar unzufrieden.

„Mama!" sagte mein Sohn mit schlecht verstecktem Vorwurf in der Stimme. „Hör auf damit!"

„Womit?"

„Mit dem Spülen. Sie hat nicht gern solche Demonstrationen. Sie empfindet es als Beleidigung!?

„Beleidigung?"

„Natürlich! Früher oder später hätte sie das schon allein gemacht. Du tust es ja nur, um ihr zu beweisen, daß sie nicht dazu in der Lage ist!"

„Aber ich wollte doch nur..." Ich fange schon an, leicht zu stottern. „Ich dachte, sie täte es nicht gern!"

„Es gibt hier nichts zu diskutieren", unterbrach mich mein Sohn ziemlich schroff. Anscheinend war sein männlicher Besitzerstolz erwacht. „Sie schafft es schon allein. Sie kann nicht nur solche Sachen", fügte er geheimnisvoll hinzu.

Mittwoch:

Auf die Wünsche des jungen Paares eingehend, bin ich nach dem Abendessen erst gar nicht in der Küche erschienen. Nach einiger Zeit kam mein Sohn zu mir.

„Es tut mir leid, ich dachte, du wärst subtiler. Meinst du, ich habe geheiratet, damit du jemanden hast, der dich bedient?“

„Wovon redest du eigentlich?“ Ich war leicht indigniert.

„Worüber? Über schmutzige Teller!“

„Du hast doch gestern selbst gesagt, daß sie beleidigt wäre, wenn ich spüle!“

„Ich dachte dabei an unsere Teller. Deine kannst du in Zukunft wohl selbst abwaschen.“

Mein Sohn bemerkte meine Fassungslosigkeit, denn bevor er aus dem Zimmger ging, sagte er noch: „Denke bitte nur nicht, daß sie etwas gegen dich hat. In Wahrheit liebt sie dich sehr!“

Donnerstag:

Ich wasche meine Teller. Dabei passe ich sehr genau auf, um nicht durch Zufall das Geschirr des jungen Paares mit abzuwaschen.

Freitag:

Nachdem die beiden ganz unverhofft und in ziemlicher Hast zu einem Wochenendausflug aufgebrochen sind, bleibe ich mit einem riesigen Berg schmutzigen Geschirrs zurück. Es stellt sich die Hamletfrage: spülen oder nicht spülen! Zu guter Letzt habe ich mich entschlossen, es stehenzulassen. Sie haben sich doch ausdrücklich nicht gewünscht, daß ich ihr Geschirr abwasche, und letzten Endes ist die Harmonie des Paares das wichtigste.

Montag:

Die Begrüßung hätte nicht freundlicher sein können! „Wir kommen müde von unserem Wochenende zurück, und es erwartet uns ein Haufen schmutzigen Geschirrs! Wenn wir erst in ein paar Wochen nach Hause gekommen wären, wären die Teller sicher schon angefault!“ Mein Sohn war außer sich.

Ich stürzte förmlich in die Küche, um das Versäumte nachzuholen, doch da stand bereits meine Schwiegertochter und bemühte sich mit Märtyrerblick, den Berg abzutragen. Eilends trat ich den Rückzug an, doch mein Sohn erwischte mich noch.

„Du mußt nicht gleich eingeschnappt sein, wenn wir dir mal die Wahrheit vor Augen führen. Du weißt doch, in Wirklichkeit liebt sie dich sehr!"

Dienstag:

Ich lebe in einem echten Geschirr-Zwiespalt. Spülen, nicht spülen, wenn ja, alles spülen oder nur meine Teller. Mit diesen quälenden Gedanken beschäftigte ich mich unentwegt. Endlich glaubte ich einen Ausweg gefunden zu haben.

„Was die Sache mit dem leidigen Spülen betrifft, ich habe einen Vorschlag zu machen: Ihr spült mein Geschirr, ich spüle euer Geschirr!"

Mein Sohn streifte mich mit einem verachtungsvollen Blick. „Meinst du, wir hätten nichts besseres zu tun, als in schmutzigem Geschirr herumzuwühlen, um herauszubekommen, wer von welchen Tellern gegessen hat? Du machst dich wohl über uns lustig?"

Bevor er die Küche verließ, meinte er noch mit lässiger Handbewegung: „Vergiß bitte nicht, in Wahrheit liebt sie dich sehr."

Wenn irgend jemand sich vorstellt, daß eine Spülmaschine die Sache gelöst hätte, so versteht er nichts von den tiefen geheimnisvollen Beziehungen Schwiegermutter-Schwiegertochter.

P.S. Wenn jemand sich vorstellt, daß – nach meinem Auszug aus der gemeinsamen Wohnung – sich alles geklärt hätte, so versteht er nichts von den tiefen geheimnisvollen Beziehungen Schwiegermutter-Schwiegertochter.

Sonst bleibt alles beim alten, das Tagebuch geht weiter. Ich notiere nur die Tatsachen und vergesse nie, daß „in Wahrheit liebt sie mich sehr".

BARBARA NOACK

Wozu eine Mutter gut ist

NACHFOLGENDE LISTE WURDE UNTER ANGESTRENGTER MITARBEIT EINER VIERZEHNJÄHRIGEN, EINES ELFJÄHRIGEN UND EINER FÜNFJÄHRIGEN ZUSAMMENGESTELLT.

Wozu eine Mutter gut ist.

1. Zum Unterschreiben verpatzter Klassenarbeiten, von denen der Vater besser nichts erfährt.
2. Zum Trösten.
3. Als Testperson dafür, was menschliche Nerven auszuhalten vermögen.
4. Zum Herausziehen von Splittern.
5. Zum Streiten.
6. Zum stundenlangen Vorlesen bei Windpocken, damit es nicht so juckt.
7. Zum Versorgen unserer Haustiere, die nur unter der Bedingung, daß wir für sie selber sorgen, angeschafft werden durften.
8. Zum ständigen Erinnern an das, was wir ohne ihr Erinnern glatt vergessen würden.
9. Zum Vokabelabhören.
10. Zum Ausmeckern, wenn es unbedingt erforderlich ist.
11. Zum Anstoßen beim Schaukeln.
12. Zum Pusten – als wir noch klein waren und uns den Finger klemmten.
13. Zum Rückenschrubben.
14. Zum Schmusen.
15. Zum Ausbügeln von Eselsohren in Klassenheften.

16. Zum Aufklären, weil es dem Vater peinlich ist.
17. Zum Schwindeln am Telefon, wenn wir nicht da sein wollen.
18. Zum Ausbrüten neuer Geschwister.
19. Zum Schlichten von Familienstreitigkeiten.
20. Zum Beichten.
21. Zum Einsparen dessen, was die übrige Familie verplempert hat.
22. Zum Kofferpacken.
23. Zum Schreiben von Entschuldigungszetteln.
24. Zum Flicken unserer Hosen.
25. Zum Liebhaben, wenn alle anderen mit uns böse sind.
26. Zum Anpumpen.
27. Zum Aufräumen unserer herumliegenden Klamotten.
28. Als Krankenschwester.
29. Als zuverlässiger Wecker.
30. Zum Aufheitern (per Telefon) bei Heimweh, wenn wir mal woanders sind, wo es uns nicht gefällt.
31. Zum Kopfwaschen.
32. Zum Totschlagen von Wespen, Spinnen und anderem Ungeziefer, vor dem wir uns fürchten.
33. Zum Händchenhalten beim Arzt.
34. Zum Blitzableiten.
35. Zum geduldigen Zuhören bei Liebeskummer – auch wenn wir ihr zum 14. Mal dieselbe Geschichte vorjammern.
36. Zum Abwimmeln von Freunden, mit denen es aus ist.
37. Zum Verwöhnen.
38. Zum Nähen von Puppenkleidern.
39. Zum Entfernen unserer Kaugummis von Tischkanten, Sessellehnen, Teppichen und Bettgestellen.
40. Zum Blödsinn machen.
41. Zum Ausborgen ihres Fahrrades, ihrer Kosmetika, ihrer Ketten, Strümpfe, Schießgummis, Scheren, Briefmarken… davon das meiste auf Nimmerwiedersehen.
42. Zum Piesacken.

43. Zum Bewundern ihrer Kinder, wenn es sonst niemand tut…

…und noch zu vielem anderen mehr. Es fällt uns im Augenblick bloß nichts mehr ein.

Auf alle Fälle ist eine Mutter vielseitig verwendbar, und es ist ziemlich riskant, nur eine zu haben, denn wenn sie mal ausfällt, kann man die Familie zumachen.

HELMUT QUALTINGER

Gemeindebau, 4 Uhr früh

(Zimmer-Küche-Wohnung. Der Mann schleicht herein. Gleichzeitig geht das Licht im Zimmer an, und die Frau erscheint im Türrahmen.

Sie trägt ein rosa Flanellnachthemd und schaut ihn schweigend an. Um ihr Gesicht, das Wut und Leiden zugleich ausdrückt, nicht sehen zu müssen, schwankt er gesenkten Blicks an ihr vorbei ins Zimmer, wirft seine Kleidung auf den Boden, kriecht ins Bett und zieht die Decke über den Kopf. Sie folgt ihm und legt sich neben ihn. Langes Schweigen.)

Sie: Viere is's, und angsoffen bist. Wo warst?

(Er überlegt unter der Decke, daß er sie jetzt reden lassen wird, bis sie aufhört. Er begeht diesen Fehler seit 20 Jahren.)

(Sie denkt nicht daran, Monologe zu halten. Sie legt sich bequem zurecht und wartet. Sie hat die halbe Nacht gewartet. Jetzt will sie etwas dafür haben.)

Er (hält es nicht aus): Stefferl... *(Er kommt unter der Decke hervor.)* Du tuast mir Unrecht... Du hast ja keine Ahnung...

(Sie hatte 50 kg, als sie heirateten. Jetzt hat sie 90. Er hat noch immer 60. Oft meint er, es wäre die Erklärung für vieles.)

(Sie stützt den dicken Arm auf, ihr ungewaschenes Haar hängt ihr ins Gesicht. Sie wartet.)

Er: Du wirst es net glauben, aber ich erzähl's dir trotzdem. *(Er richtet sich auf, von seiner Erzählung selbst mitgerissen.)* Stell dir vor: Heut um fünf, ich will grad meine Sachen zusammenpacken, geht die Tür auf... und wer kommt herein? *(Er schaut zum Fenster, an dem sich die gestopften Netzvorhänge bauschen.)* Der Generaldirektor! *(Sie betrachtet seinen hüpfenden Adamsapfel an dem faltigen Hals.)* Ich war allein im Zimmer, die anderen haben es ja immer eilig, wegzukommen, auch der Herr Abteilungsleiter. *(Jetzt liegt Zürnen in seiner Stimme.)* Also der Generaldirektor kommt herein, schaut sich vorsichtig um und winkt mir. „Novak“, sagte er, „was für ein Glück, Sie allein zu treffen. Ist auch bestimmt niemand anderer im Zimmer?“

Ich sag’: „Nein. Die Herren nehmen es immer sehr genau mit dem Dienst, besonders was den Büroschluß betrifft.“

Er seufzt: „Ich weiß, aber was soll man machen. Man ist dem Personal heute ausgeliefert. Ich beobachtete Sie schon lange, Novak, ich weiß, man läßt Sie nicht hochkommen, weil Sie alle turmhoch überragen. Darum stecken Sie noch immer in der Registratur und dürfen nur gelegentlich in der Buchhaltung aushelfen, ein Mann Ihrer Begabung und Intelligenz, aber das soll anders werden...“ Er nimmt mich am Arm. „Sie sind der einzige, auf den ich mich verlassen kann... Novak, Sie müssen mir helfen. Es handelt sich um die Bilanz.“

Also, was soll ich dir sagen, Stefferl, er traut den Buchhaltern nicht. Er ist davon überzeugt, daß sie alle Spitzel vom Finanzamt sind, und seinem Steuerberater traut er schon gar nicht.

„Lassen Sie mich nicht im Stich, Novak“, sagt er. Also er will, daß ich mit ihm heimfahre und ihm helfe, die Bilanz zu frisieren, bevor er sie seinem Steuerberater übergibt! Wir haben die ganze Nacht gearbeitet, eine Riesenarbeit...

Er (verklärt): Ich habe heute nacht einen Freund gefunden. Natürlich muß alles geheim bleiben... zu niemand ein Wort... du verstehst...

(Sie hustet.)

(Er blickt sich im Zimmer um, das er haßt. Für den Anfang ist die Wohnung genug, hat er damals gedacht, in ein paar Jahren werden wir uns eine bessere leisten können. Er wird nie begreifen, woran es liegt, daß er in diesen 20 Jahren nicht weitergekommen ist, warum ihn das Schicksal in eine Umgebung gesteckt hat, wo alle ihn verkennen und mißachten: die im Büro, die Freunde im Wirtshaus, Stefanie... Er schaut verächtlich zu Stefanie hinüber, läßt es aber sofort wieder sein, da sich ihre Blicke begegnen.)

Sie: Viere is's, und angsoffn bist. Wo warst?

(Er verschränkt die Arme unterm Kopf und blickt zur Decke empor, an der zwei Falter Fangen spielen. Sie sind grau und häßlich, mit dicken Leibern. Warum waren sie dazu verurteilt, grau und häßlich zu sein, wenn andere Falter die schönsten Farben haben. Er stellt sich die Natur immer wie eine riesige Ausgabe von Stefanie vor. Es wundert ihn darum nicht, daß beide so ungerecht sind, aber es erfüllt ihn zuweilen mit kummervoller Auflehnung.)

Er (zu den Faltern emporblickend): Du wirst es nicht glauben, aber ich erzähl's dir trotzdem. Stell dir vor: Etwas Schreckliches ist passiert... *(Er richtet sich auf, von seiner Erzählung selbst mitgerissen.)* Wie ich in die Tramway einsteigen will um halb sechs, gibt es plötzlich eine Riesenaufregung am Schwedenplatz. Ein Kerl rast um die Eckn, eine Menge Leute ist hinter ihm, die „Aufhalten!" schreien. Aber kaum kommt ihm wer in die Nähe, zieht er eine Pistole, und da wagt sich natürlich keiner heran. Nicht einmal die Polizisten. Ich weiß' nicht, was in mich gefahren ist, ich bin doch sonst eher vorsichtig, aber ich hab' plötzlich denken müssen, daß der Kerl ein Mörder ist, daß er seine Frau umgebracht hat – und ich fahr los auf ihn. Er schießt, daneben, da hab ich ihn schon an der Gurgel und hau ihn zusammen. Du, der ist umgefallen wie ein Stück Holz! Jetzt, wo er k.o. ist, kommen natürlich die Leute und die Polizei, alle gratulieren mir – ihn haben sie auf der Tragbahre weggebracht. Ich will gehen, meine Pflicht hab' ich getan, genug damit, aber sie lassen mich nicht weg. Ich muß mit zur Protokollaufnahme. Also er ist wirklich ein Mörder, stell dir vor, seine Frau hat er umgebracht nach 20jähriger Ehe, ich versteh so was nicht...

(Er lächelt. Auch Stefanie lächelt.)

Er: Glaubst, die hätten mich gehen lassen? Wie die Einvernahme zu Ende war, sind die Herren von der Mordkommission gekommen. Lauter klasse Burschen, und denen hab' ich die ganze Geschichte noch einmal erzählen müssen. Wie ich fertig war, haben sie gesagt: „Novak, das muß gefeiert werden." Sie haben mich in ihr Stammlokal geschleppt. Unter den Gästen hat es sich derweil auch herumgesprochen, was geschehen ist, und auf einmal spielt das Klavier: Hoch soll er leben! Das ist mich angegangen. Mir war's direkt peinlich, denn ich steh nicht gern im Mittelpunkt, aber sie haben mich nicht fortlassen. Endlich, wie schon alle ein bißl blau waren, bin ich durchs Hintertürl weg...

(Er schweigt. Es ist eine Weile still.)

Sie: Viere is's und angsoffen bist. Wo warst?

(Er steht auf, geht in die Küche und trinkt Wasser. Er steckt auch seinen Kopf, der schmerzt, unter die Wasserleitung. Als er zurückkommt, hat sich Stefanie umgedreht. Der Flanell über ihrer Brust ist verrutscht, und eine Menge weißes, schwabbeliges Fleisch wird im Ausschnitt sichtbar.)

(Er lehnt sich an den Türstock und starrt auf ihren Ausschnitt.)

Er: Du wirst es nicht glauben, aber ich erzähl's dir trotzdem. Stell dir vor... ich weiß nicht, warum ich es getan habe. Es gibt keine Entschuldigung dafür... ich schäme mich. Stefferl! *(Er hat Tränen in den Augen.)* Ich hab dich betrogen!

(Sie wartet.)

Er: Es war am Schwedenplatz, gegen sieben: Ich hab Überstunden gemacht. Ich steh und wart auf die Tramway. Da bleibt plötzlich ein Auto neben mir stehen, ein roter Jaguar E. Eine Dame beugt sich heraus und fragt nach dem Weg zum Kobenzl. Ich merk gleich, daß sie eine Ausländerin ist, später schau ich auf die Nummer: eine Amerikanerin. Sie war allein. Eine Rothaarige, nicht mehr jung und auch nicht grad schön, aber du weißt ja: wenn eine Geld hat, kann sie was aus sich machen. Ich erklär ihr den Weg, sie versteht nicht, lacht, ein Wort gibt das andere – ich weiß nicht, wie... da sitz ich schon neben ihr... Wir sind auf den Kobenzl gefahren und haben Sekt getrunken... Sie hat mir ihre Lebensgeschichte erzählt. Du, so reiche Frauen, die machen auch was mit! Stefferl, neben solche Tragödien bist du ein glückliches Weib! Darum fährt sie in der Welt herum und sucht Vergessen. Sie hat geweint, sie hat mir so leid getan... Aber weißt, Stefferl, ich hab die ganz Zeit nur an dich in deinem Betterl gedacht, wie du auf mich wartest... und wie ich weg bin von ihr, hat mir vor mir selber gegraust...

(Er setzt sich auf ihre Bettkante, nimmt ihre Hände.)

Er: Stefferl, kannst du mir verzeihen?

Sie (zieht ihre Hände zurück): Viere is's, und angsoffen bist. Wo warst?

(Er starrt sie an. Haß steigt in seinen Augen auf und dann Verzweiflung.)

Er: Wo wer' ich schon gwesen sein? *(Er kehrt ihr den Rücken zu.)* Im Tschoch an der Eckn natürlich, wie immer. Mir ham Kartn gspült, und der Novak hat wieda verlurn.

GEORG KREISLER

Die verfluchte Fantasie

GELIEBTE FRAU, schrieb der Schlossergeselle und Amateurboxer Heinz Navratil an seine Freundin, die Verkäuferin Rosa Hergesell, geliebte Frau, ich bitte dich um Verzeihung. Ich hätte dich gestern nicht ins Gesicht schlagen dürfen, wodurch du heute ein geschwollenes Auge und zwei Zähne weniger hast, aber vielleicht verzeihst du mir leichter, wenn du einsiehst, daß es meine große Liebe zu dir war, welche mich zu jenem Schlag verleitet hat. Ich war sicher, daß du mich mit diesem dahergelaufenen Schwindler und Strizzi Ferdinand Mechtersheimer betrogen hast, der zwar vorgibt, ein Gebrauchtwagenverkäufer zu sein, der aber in Wirklichkeit sein Geld mit miesen und teilweise illegalen Geschäften verdient, die ihn immer wieder in Schwierigkeiten mit den Behörden bringen. Heute weiß ich, daß du mit ihm nichts zu tun hattest, ja, daß du ihn gar nicht kennst, aber gestern war ich sicher, daß er dein Liebhaber war, und dadurch sah ich rot.

Du wirst nun fragen, wieso konnte ich dergleichen annehmen, da doch überhaupt kein Anlaß dazu bestand. Es stimmt, daß ich dich nie mit Mechtersheimer zusammen gesehen habe, es stimmt auch, daß der Name Ferdinand Mechtersheimers nie in unseren Gesprächen aufgetaucht ist, es stimmt auch, daß der Mechtersheimer bis vor wenigen Tagen in Köln ansässig war und erst jetzt zurückgekehrt ist. Wie konnte ich also glauben, daß du mit ihm ein Verhältnis hast, wo du doch Gott sei Dank nie in Köln gewesen bist? Um das zu erklären, muß ich noch weiter ausholen, als ich es gestern vor dem Schlag in dein Gesicht tat, der mir heute so leid tut.

Geliebte Frau, als ich noch ein Kind war, ging ich eines Morgens sehr traurig in die Schule. Ich war traurig, weil ich wußte, daß an diesem Morgen eine schriftliche Mathematikprüfung stattfinden würde, die ich nie und nimmer bestehen konnte, da ich damals und bis heute von Mathematik keine Ahnung hatte. Heute spielt das keine Rolle mehr, aber damals war es für mich sehr wichtig, da meine Eltern für mich sehr ehrgeizig waren. Sie wollten unbedingt, daß ich ein guter Schüler sein sollte, damit ich es besser habe als mein Vater, der auch ein Schlosser war. Sie meinten es sehr gut mit mir und ich meinte es auch gut mit ihnen. Ich hätte auch sehr gerne eine gute Mathematikarbeit abgeliefert, aber ich wußte, daß das ausgeschlossen war, daß ich durchfallen würde, daß meine Mutter weinen würde, daß mich mein Vater verdreschen würde und daß mir mein Taschengeld auf mindestens zwei Monate gestrichen werden würde. Jetzt kannst du sicher verstehen, warum ich traurig war.

Aber es kam total anders, wie so oft im Leben. Bevor die Mathematikarbeit begann, setzte uns der Lehrer um, also jeder Schüler mußte an einem anderen Platz sitzen, als er es sonst gewöhnt war. Dadurch wollte der Lehrer das Schwindeln und das Abschreiben verhindern, aber das Gegenteil war der Fall. Ich kam nämlich neben den Konrad Matthöfer zu sitzen, der der Klassenbeste in Mathematik war, und der ließ mich die ganze Arbeit von ihm abschreiben, ohne daß es der Lehrer merkte. Natürlich war ich gescheit genug, ein paar Fehler hineinzuschreiben, damit es keinen Verdacht erregen sollte, aber im großen und ganzen schnitt ich viel besser ab, als es jeder erwartet hatte.

Nun hättest du sehen sollen, wie der Lehrer strahlte. „Siehst du", sagte er zu mir, „wenn man sich bemüht, geht es schon." Meine Mutter umarmte mich und hatte Freudentränen in den Augen, und mein Vater erhöhte das Taschengeld. Alle waren glücklich, nur ich nicht. Denn ich wußte ja genau, daß ich garantiert ein Nichtgenügend geschrieben hätte, wenn ich ehrlich gewesen wäre. Für mich war die Wahrheit nicht das, was wirklich geschehen war, sondern das, was geschehen wäre, wenn alles mit rechten Dingen zugegangen wäre. Ich konnte nächtelang nicht schlafen, ich verschenkte mein zusätzliches Taschengeld, ich verfluchte den Lehrer und den Matthöfer, der ja gar nichts dafür konnte, und ich erholte mich eigentlich von diesem Schlag nie. Vielleicht bin ich sogar deswegen Schlosser geworden, statt Akademiker, wie meine Eltern es hofften.

Geliebte Frau, ich überspringe jetzt einige Jahre. Ich war noch keine achtzehn Jahre alt, als ich eines Abends zitternd vor der Haustüre der Maria Pelzer stand, die ich damals sehr lieb hatte. Du mußt aber nicht eifersüchtig sein, denn das ist schon lange her, die Pelzer ist mittlerweile schon zum zweiten Mal verheiratet und hat drei Kinder, wofür sie selber schuld ist. Jedenfalls habe ich damals immer versucht, die Pelzer zu überreden, mit mir ins Hotel zu gehen, aber sie weigerte sich oder vielleicht traute sie sich nicht. Aber eines Tages sagte sie mir ganz plötzlich, sie wäre bereit, am nächsten Samstag, statt ins Kino, ins Hotel mit mir zu gehen. Das war also der Samstag abend, an dem ich vor ihrer Haustüre stand und zitterte. Ich träumte davon, wie wunderbar es sein würde, die Pelzer nackt in meinen Armen zu halten. Du kannst dir sicher vorstellen, wie aufregend das für mich in meinem damaligen Alter war, wobei ich heute die Pelzer nicht einmal anschauen würde.

Aber es kam wieder anders, denn die Pelzer erschien auf einmal mit einem sehr traurigen Gesicht und teilte mir mit, daß ihre Großmutter, die ich gar nicht kannte, gestorben war. Sie weinte dabei und sagte, sie kann jetzt das Haus nicht verlassen, sie ist in Trauer. An ein Hotel, sagte sie, würde sie in den nächsten Wochen bestimmt nicht denken. Dann ging sie wieder ins Haus, und ich habe sie danach kaum noch gesehen, unsere Sache hat sich einfach im Sand verlaufen, du mußt also gar nichts dabei denken.

Jedenfalls wäre jeder andere an diesem Abend enttäuscht vom Verlauf der Dinge gewesen, meinst du nicht? Jeder andere hätte gesagt, warum muß die Großmutter ausgerechnet in dem Moment sterben, in dem ich am Ziel meiner Wünsche stehe? Aber ich war komischerweise gar nicht enttäuscht, mir genügte es, daß ich die Pelzer in meinen Träumen nackt im Arm gehalten hatte, für mich war das die Wirklichkeit. Ich ging nach Hause, träumte weiter und verbrachte die Nacht mit der Pelzer, so als hätte ich wirklich die Nacht mit ihr verbracht. Kannst du das verstehen?

Geliebte Frau, genau so war es gestern. Ich ging auf der Straße und war auf dem Weg zu dir. Plötzlich treffe ich den Ferdinand Mechtersheimer. Nanu, sage ich, ich habe geglaubt, du bist in Köln. Ich bin seit ein paar Tagen wieder zurück, sagt er, und ein böses Lächeln spielt um seinen Mund. Ich habe schon gehört, daß es dir gut geht, sagt er, ich höre, du bist jetzt befreundet mit der Rosa Hergesell, sagt er. Kennst du sie, frage ich. Natürlich, sagt er, sehr gut sogar. Und dann erzählt er, daß er sich mit dir getroffen hat, und macht alle möglichen Andeutungen. Ich bin ganz schwindlig von ihm weggegangen und habe mir, auf dem Weg zu dir, geliebte Frau, alles mögliche ausgemalt. Du kannst dir vorstellen, daß meine Ausmalungen nicht sehr angenehm waren, denn ich bin ein eifersüchtiger Mensch, besonders wenn es zu Frauen kommt. Ich habe dir dann erzählt, wie du dich erinnern wirst, daß ich den Mechtersheimer getroffen habe, und darauf hast du gesagt: Mechtersheimer? Den kenne ich nicht.

Ich gebe zu, daß das eine ganz normale Reaktion von dir war, aber wie in den vorangegangenen Beispielen war die Wirklichkeit für mich nicht die Wirklichkeit, sondern das, was ich mir in meiner Einbildung vorgestellt hatte, und was ich mir vorgestellt hatte, das warst du, zusammen mit dem Mechtersheimer. Ich war voll überzeugt, daß du lügst, wenn du sagst, du kennst ihn nicht, und ich habe dir daraufhin, weil ich dich liebe, eine heruntergehaut. Aber wenn du willst, kannst du zu einem Zahnarzt gehen, der ein Spezialist ist, statt zu einem Kassenarzt, und ich werde die Rechnung bezahlen, ich kaufe dir auch die Handtasche, die du mir im Kaufhaus gezeigt hast, ich werde überhaupt alles tun, um meine Fantasie herunterzuspielen und auszugleichen, aber verzeih mir, geliebte Frau.

Eugen Roth

Der Lebenskünstler

Ein Mensch, am Ende seiner Kraft,
Hat sich noch einmal aufgerafft.
Statt sich im Schmerze zu vergeuden,
Beschließt er, selbst sich zu befreuden,
Und tut dies nun durch die Erdichtung
Von äußerst peinlicher Verpflichtung.
So ist ihm Reden eine Qual.
Sitzt er nun wo als Gast im Saal,
Befiehlt er streng sich in den Wahn,
Er käm jetzt gleich als Redner dran,
Macht selber Angst sich bis zum Schwitzen –
Und bleibt dann glücklich lächelnd sitzen.
Dann wieder bildet er sich ein,
Mit einem Weib vermählt zu sein,
Das trotz erbostem Scheidungsrütteln
Auf keine Weise abzuschütteln.
Wenn er die Wut, daß sie sich weigert,
Bis knapp zum Mord hinaufgesteigert,
So lacht er über seine List
Und freut sich, daß er ledig ist.
Der Mensch, ein bißchen eigenwillig,
Schafft so sich Wonnen, gut und billig.

KARL HEINRICH WAGGERL

Getreu nach der Natur

DEN MEISTER FINDEN wir leicht. Er sitzt vor dem Stadttor und malt und hat viel Zulauf von müßigen Leuten. Wir drängen uns heimlich in die Reihe, es ist für unsereinen immer einmal nützlich, zu hören, was das Volk redet. Ein Mann, der Bretzen von der Stange verkauft, macht uns bereitwillig Platz, noch im Weggehen schüttelt er den Kopf. Auch ein schweres Brot, sagt er bekümmert. Im stillen dankt er dem Himmel dafür, daß ihm ein leichteres Los beschieden ist.

Aber so gutherzig denken nicht alle. Etliche halten im ganzen nicht viel von der Malerei. Zeit müßte man haben, erklären sie, das sei alles, sofern ein ernsthafter Mensch überhaupt die Geduld aufbrächte. Wieder andere nehmen die Sache genauer, sie sehen streng darauf, daß der Meister sich keine Nachlässigkeit erlaubt. Deshalb gerät ein buckliger Zuschauer außer sich, nachhdem er entdeckt hat, daß an dem grünen Haus auf der rechten Seite ein Fenster fehlt. Er bittet seine Nachbarn, ihrerseits nachzuzählen, hinter diesem fehlenden Fenster wohnt er nämlich seit Jahr und Tag, und nun wird sein Dasein einfach geleugnet, das kann ihm doch nicht einerlei sein.

Was uns aber alle erregt, ist ein leerer Fleck, den der Meister auf seinem Blatt ausgespart hat. In Wirklichkeit steht dort ein Gaul vor einem Bauernkarren. Um ihn herum ist alles so gut wie vollendet, aber der Meister findet immer noch etwas auszubessern, sogar dem Buckligen macht er die Freude und flickt sein Fenster noch in die Reihe, und nur um dieses Geisterroß will er sich durchaus nicht kümmern.

Und dann geschieht das, was längst zu fürchten war, der Kutscher kommt aus der Schenke, er klettert auf den Wagen und fährt davon. Hinter dem Roß wird eine Bank sichtbar, und die malt der Meister jetzt mit ein paar schnellen Strichen, als traute er ihr zu, daß sie ihm auch noch entlaufen könnte.

Aber was ist eine Bank gegen ein Pferd! Die meisten Leute gehen enttäuscht davon, murrend und voller Zweifel, ob der Meister überhaupt fähig ist, etwas Schwierigeres zu malen. Hausbänke zur Not, oder ein Fenster, aber ein Roß?

EUGEN ROTH

Kunst

Ein Mensch malt, von Begeisterung wild,
Drei Jahre lang an einem Bild.
Dann legt er stolz den Pinsel hin
Und sagt: „Da steckt viel Arbeit drin."
Doch damit war's auch leider aus:
Die Arbeit kam nicht mehr heraus.

GEORG KREISLER

Missverständnisse

ICH WILL VERSUCHEN, es dir zu erklären", sagte der Junge. „Wir bilden Gruppen, die sich ein Stichwort vornehmen. Wenn sich einiges über dieses Stichwort herausgestellt hat, teilen wir das der nächsten Gruppe mit."

„Ich weiß", sagte der Alte, „ich gehörte ja auch einmal zu so einer Gruppe."

„Das war anders", sagte der Junge.

„Es war anders, aber doch dasselbe. Natürlich ist man heute weiter. Außerdem gab es keine Frauen in unseren Gruppen. Aber jede Gruppe nahm sich ein Stichwort vor, genau wie heute."

„Bei uns wird noch jede Gruppe unterteilt. Meine Gruppe hat zum Beispiel drei Untergruppen. Für jede Untergruppe gibt es ein Punktesystem. Habt ihr auch ein Punktesystem gehabt?" fragte der Junge.

„Nein, aber ich kann mir doch denken, wie das funktioniert. Eigentlich ist ein Punktesystem gar nicht nötig."

„Ohne Punktesystem ginge es bei uns nicht. Ich will dir ja nicht nahetreten, aber es ist alles viel komplizierter geworden."

Der Alte schwieg. Nichts ist komplizierter geworden, dachte er, man hat mehr Technik, man denkt weniger selbständig, die Computer berechnen Dinge, die wir nicht berechnen konnten, aber wer braucht sie? Am Ende des Tages geht man nach Hause, man ißt zu Abend, tanzt noch ein wenig, plaudert ein wenig, geht spazieren – „Siehst du eigentlich fern?" fragte er den Jungen.

„Selten", antwortete dieser, „es gibt nicht viel Interessantes."

Auch darin hat sich nichts geändert, dachte der Alte, wir haben nicht ferngesehen, weil es kein Fernsehen gab, und sie sehen nicht fern, weil das Fernsehen langweilig ist. Die Berechnungen sind komplizierter und die Welt ist seelenloser, das ist alles. Von Änderungen oder gar von Fortschritt keine Rede.

Auch der Junge schwieg. Der Alte versteht mich nicht, dachte er, er ist einfach zu alt. Er will nicht wahrhaben, daß sich die Welt verändert hat, dabei müßte er es doch merken. Hat er zu seiner Zeit ein eigenes Auto gehabt? Moderne Medizin? Raumflug? Krieg hat er gehabt und Diktatur! Wir würden uns das nicht mehr gefallen lassen, aber das sieht er nicht ein. Wann fängt der Mensch an, in der Vergangenheit zu leben? Wann beginnt man, seine Kinder nicht zu verstehen? Ob ich auch eines Tages so werde? Ich kann mir das beim besten Willen nicht vorstellen.

„Wir haben mehr Obst gegessen", sagte der Alte.

„Klar", sagte der Junge, „damals!"

„Es hat viel besser geschmeckt. Heute wird alles gespritzt!"

„Aber ihr seid krank davon geworden."

„Ja, das ist manchmal vorgekommen. Fragt sich noch immer, was gescheiter ist, krank sein oder steril sein."

„Wir haben doch gar keine Wahl", sagte der Junge.

„Hör auf", erwiderte der Alte, „ihr wollt keine Wahl haben. Wenn ihr eine hättet, wüßtet ihr nicht, was ihr damit anfangen solltet."

„Habt ihr denn eine Wahl gehabt?" fragte der Junge. „In belanglosen Dingen vielleicht, dafür wählen wir zwischen Krieg und Frieden."

„Das wird sich noch herausstellen."

„Das hat sich schon herausgestellt."

„Wir wollen nicht streiten", sagte der Alte, „jeder hat die Zeit, die er verdient. Im übrigen habe auch ich geglaubt, daß ich klüger bin als mein Vater."

„Und warst du es?"

„Ich weiß nicht. In manchen Dingen vielleicht, aber in vielen Dingen war ich auch dümmer. Es kommt auf den Gesichtspunkt an."

„Der Unterschied ist: Du läßt dir immer einen Ausweg

offen. Wir wissen klar zu unterscheiden, ja oder nein, schwarz oder weiß."

„Der Unterschied ist", belehrte ihn der Alte, „daß wir den offenen Ausweg sehen, und ihr seht ihn nicht."

„Der Unterschied ist, daß ihr uns belehren wollt, und wir wollen euch nicht belehren", meinte der Junge.

„Fangen wir noch einmal an", seufzte der Alte, „ihr bildet also Gruppen, jede Gruppe bildet drei Untergruppen -"

„Nicht jede", berichtigte der Junge, „manche bilden drei Untergruppen, andere gar keine. Es kommt auf die Entfernung der Stichworte von ihrem dazugehörigen Symbol an."

„Die sind alle weit", sagte der Alte, jedenfalls zu weit für uns."

„Man sollte solche Redensarten vermeiden", sagte der Junge. „Es gibt Möglichkeiten, von denen wir nichts ahnen können. Man muß experimentieren, Programme aufstellen."

„Die Nacht wird nicht zum Tag, nur weil man ein Programm aufstellt."

„Das kann man vorher nicht wissen."

„Was kann man deiner Ansicht nach vorher wissen?"

„Man kann zum Beispiel wissen, daß manche Leute kein Einsehen haben", sagte der Junge ärgerlich.

„Meinst du mich?"

„Ach was", sagte der Junge, „ich werde es dir einfach so lange erklären, bis du es verstehst. Wenn ich es verstanden habe, wirst du es doch auch verstehen können. Entschuldige, ich wollte dich nicht beleidigen."

„Ich dich auch nicht", sagte der Alte, „aber ich weiß nicht, ob das sinnvoll ist. Das Projekt wird also in Gruppen und Untergruppen eingeteilt. Wozu?"

„Wir experimentieren, das ist alles."

„Wozu? „

„Vielleicht weil wir jung sind. Vielleicht weil wir glauben, daß es uns gelingen wird, die Welt lebenswert zu machen."

„Ich habe nie gedacht, daß die Welt nicht lebenswert ist", sagte der Alte, „sie wird sogar noch lebenswerter, wenn man alt geworden ist. Ich bestreite energisch, daß die Jugend die einzige schöne Lebenszeit ist."

„Nur weil das Obst gespritzt wird? Nur weil es in Brasilien keinen Kaffee mehr gibt? Das sind doch Nebensächlichkeiten."

„Sicher", sagte der Alte, „das sind Nebensächlichkeiten, wie alles."

ERICH KÄSTNER

Der synthetische Mensch

Professor Bumke hat neulich Menschen erfunden,
die kosten zwar, laut Katalog, ziemlich viel Geld,
doch ihre Herstellung dauert nur sieben Stunden,
und außerdem kommen sie fix und fertig zur Welt!

Man darf dergleichen Vorteile nicht unterschätzen.
Professor Bumke hat mir das alles erklärt.
Und ich merkte schon nach den ersten Worten
und Sätzen:
Die Bumkeschen Menschen sind das, was sie kosten,
auch wert.

Sie werden mit Bärten oder mit Busen geboren,
mit allen Zubehörteilen, je nach Geschlecht.
Durch Kindheit und Jugend würde nur Zeit verloren,
meinte Professor Bumke. Und da hat er ja recht.

Er sagte, wer einen Sohn, der Rechtsanwalt sei,
etwa benötige, brauche ihn nur zu bestellen.
Man liefre ihn, frei ab Fabrik, in des Vaters Kanzlei,
promoviert und vertraut mit den schwersten
juristischen Fällen.

Man brauche nun nicht mehr zwanzig Jahre zu warten,
daß das Produkt einer unausgeschlafenen Nacht
auf dem Umweg über Wiege und Kindergarten
das Abitur und die übrigen Prüfungen macht.
Es sei ja auch denkbar, das Kind werde dumm
oder krank

und sei für die Welt und die Eltern nicht recht zu
verwenden.
Oder es sei musikalisch! Das gäbe nur Zank,
falls seine Eltern nichts von Musik verständen.

Nicht wahr. wer könne denn wirklich wissen,
was später
aus einem anfangs ganz reizenden Kinde wird?
Bumke sagte, er liefre auch Töchter und Väter,
und sein Verfahren habe sich selten geirrt.

Nächstens vergrößre er seine Menschenfabrik.
Schon heute liefre er zweihundertneunzehn Sorten.
Mißlungene Aufträge nähm er natürlich zurück.
Die müßten dann nochmals durch die verschiednen
Retorten.

Ich sagte: Da sei noch ein Bruch den Fertigartikeln,
in jenen Menschen aus Bumkes Geburtsinstitute.
Sie seien konstant und würden sich niemals entwickeln.
Da gab er zur Antwort: „Das ist ja gerade das Gute!"

Ob ich tatsächlich vom Sichentwickeln was halte?
Professor Bumke sprach's in gestrengem Ton.
Auf seiner Stirn entstand eine tiefe Falte. –
Und dann bestellte ich mir einen vierzigjährigen Sohn.

KARL HEINRICH WAGGERL

Sei ein Mensch

LASST MICH DAS NOCH SAGEN, Freunde, hört mir zu. Seht den Kirchplatz im verlöschenden Licht, laßt die Augen gemächlich in der Runde wandern und die Gedanken langsam nachfolgen. So sauber ist das alles, so aufgeräumt. Der Rauch steigt reinlich aus den Dächern und kräuselt sich in der stillen Luft, dann und wann, wie vom Himmel herab, weht einem ein würziger Geruch in die Nase, es riecht nach Käsesuppe und Sauerkraut.

Inzwischen geschieht auch allerlei auf dem Platz, aber eins nach dem andern, es überstürzt sich nichts. Jetzt treiben die Weiber das Vieh zum Brunnen, die Kühe saufen aus dem Trog, und dann stehen sie noch versonnen herum, das Wasser tropft aus ihren Mäulern und am anderen Ende geschieht auch, was geschehen muß, aber das merken sie gar nicht, das ist schon viel zu entlegen für ihren Verstand.

So sehr verliert man sich allmählich in diesem dämmrigen Schauen, daß einem ist, als hätten die Geschehnisse nicht mehr ihren gewöhnlichen, nüchternen Sinn, sondern einen ganz anderen, geheimnisvollen. Gegenüber läuft ein Kind aus der Tür, es trägt einen Topf in beiden Händen, aber nun stolpert es über seinen langen Kittel und fällt hin und der Topf rollt davon.

Was soll nun daraus werden?

Das Kind liegt da und schreit erbärmlich, kommt ihm niemand zu Hilfe?

Doch, sein guter Engel schwebt unsichtbar herab und verscheucht den bösen, der dem Kind ein Bein gestellt hat, er setzt es wieder zurecht und wischt ihm Sand und Tränen aus dem Gesicht, – sei still, sagt der Engel. Das Kind hört aufmerksam an, was ihm ins Ohr geflüstert wird, dann holt es den Topf herbei und fängt an, kleine Steinchen darin zu sammeln.

So weit wäre also die Sache vortrefflich geschlichtet, wenn nicht jetzt die Mutter gelaufen käme und dem Kind den Topf wieder entrisse, weil sie es um Wasser zum Brunnen geschickt hat und nicht, damit es Straßendreck in ihren Hafen fülle. Das aber konnte wiederum der Engel nicht wissen, beleidigt schlägt er seine Flügel und hebt sich hinweg.

Unsereins zieht eine Lehre daraus. Wie dieses Kind, denkt man, bist du ja selber unterwegs mit deinem Topf in Händen und meinst, du dürftest dich auf deine Weise trösten, wenn dich ein Unheil zu Fall gebracht hat. Aber das ist nicht so, zuletzt mußt du doch verrichten, was dir am Anfang aufgegeben wurde.

Mit der Weile dämmert es mehr und mehr. Stille sinkt vom Himmel herab, die Vögel schweigen auch und alle geschwätzige Kreatur. Es öffnet sich gleichsam das Tor der Nacht, damit die Stimme des Unvergänglichen wieder hörbar werde, ein letzter Nachhall des freudigen Schöpfungsgesanges, den Gott anstimmte, als er die Welt erschuf, Wasserrauschen, Windgeflüster aus Laub und Gras und vor allem jener unirdische Klang aus der Himmelstiefe, den wir mit Ohren nicht hören, nur als Widerhall in der eigenen Brust. Der Abendwind treibt sich noch ein wenig herum, wie ein eifriges Hündchen trägt er herbei, was er gefunden hat, einen erstickten Ruf, ein Gelächter vom Hügel herab, wo die Burschen unter den Stauden sitzen und ihre Mädchen halsen.

Das gehört ja auch dazu, das ist immer so gewesen. Uns lockt es ja nicht mehr von den Bänken weg, es wäre zu mühsam, aber wir wissen noch, wie es tut, in solch einer Nacht unter den Hollerbüschen zu liegen, wenn der sanfte Sternenschein das Mädchen weicher stimmt und die Heimlichkeit es gefügig macht, so daß es sich willig in den Arm nehmen läßt und sogar selber noch ein wenig näher rückt, denn so überaus warm ist die Nacht nun doch wieder nicht.

Für uns ist das vorüber, wie lange ist es vorbei? Ach, Kindheit und Jugend, traumschnell vergangen, und dann ein paar

Jahre tätigen Lebens, und unversehens ist man schon unterwegs auf der letzten Straße...

Nein, ich will nicht mehr klagen, daß es still geworden sei. Freilich darf man auch nicht träge auf dem Fleck verharren und sich durchaus selbst genügen, wie eine Muschel im Sumpf, so meine ich es nicht. Es ist wahr, daß man sich umsehen muß, wie das Fräulein meint, in der Welt, unter den Menschen, im tätigen Leben kurzum. Aber wenn einem der scharfe Wind um die Nase weht, soll man nicht meinen, es käme darauf an, selber Wind zu machen.

Wie weit reicht die Kraft eines Menschen wirklich? Fragt doch einen Mächtigen der Erde, aber fragt ihn am Ende seines Lebens, womit er vor den letzten Richter treten will, mit den glänzenden Taten, die ihm Ruhm einbrachten, oder mit den stillen Werken der Güte von Hand zu Hand, die ihm daneben so spärlich geraten sind. Denn wer Großes wagt, muß doch immer im Kleinen unrecht tun.

Mag es jeder deuten, wie er will, wahr ist doch, daß dem Menschen nicht Unsterblichkeit verheißen wurde, sondern das ewige Leben, wenn er guten Willens ist.

Möglich, wendet das Mädchen ein, daß ein Mensch auf diese Art zufrieden sein kann, ein älterer Mensch. Aber die Jugend, ist es nicht ihr Recht, nach dem Höchsten zu streben, nach fernen Zielen, die den Sinn des Daseins ausmachen, wenn man auch darüber zu oft das Nächste versäumt?

Ach, sage ich, schon unterwegs mit meinen Gedanken, – laß die Menschheit, sei ein Mensch!

Der paradiesische Zustand, von dem unbestritten alle hoffen, dass er auch ein solcher ist:

das Alter.

ALFRED POLGAR

Gespräch über das Alter

DER PHILOSOPH ANAXIAS, Zeit- und Ortsgenosse des Sokrates, hatte einen harten Tag des Lebens und Schreibens hinter sich und das Bedürfnis, ein wenig Bewegung zu machen. Durch die Straßen schlendernd, kam er zu einem Platz, wo Ringer einen Schaukampf zum besten gaben. Anaxias blieb stehen und sah zu. Viel Volk hielt die niederen Mauervorsprünge der Häuser rundum besetzt, und ein oder der andere stand auf, dem würdigen, weißhaarigen Herrn seinen Platz anzubieten.

„Danke, ich stehe lieber."

„Nein doch", beharrte ein Anbieter. „Setz dich nur."

„Warum soll ich mich denn durchaus setzen?"

„Nun hör einmal! Ein Mann in deinen Jahren?"

Darauf erwiderte Anaxias nichts, sondern ging weiter, weniger leichten Schrittes, als er vorher gegangen war. Auf dem Heimweg trat er in eine Schenke, und der Wirt, nach einem prüfenden Blick auf den Gast, brachte eine Kanne Zider an den Tisch. Anaxias schob das Gefäß von sich. „Keinen Apfelsaft. Wein!"

„Wie du willst", sagte der Wirt, „aber Zider ist gesünder für Leute deines Alters." Den Dialog unterbrach der Eintritt Phlotions, eines Schülers des Philosophen. Er setzte sich zu dem Lehrer. „Du siehst ein bißchen müde aus, Anaxias. Fehlt dir etwas?"

„Nichts Besonderes."

„Du solltest dich mehr schonen. Ein Mann in deinen…"

„Fang du nicht auch noch damit an, Knabe", sagte Anaxias ärgerlich. „Meine Jahre würde ich nicht merken, wenn man mich nicht immerzu an sie erinnerte. Mein Alter würde ich nicht spüren, wenn nicht die anderen darauf bestünden, daß ich es zu spüren habe."

„Das geschieht doch nur aus Sorge um dich."

„Schöne Sorge, die aufgezwungen wird, ob man sie braucht oder nicht! Glaubst du, es ist angenehm, wenn sich dir, sowie du Miene machst, von deinem Stuhl aufzustehen, eine ungebetene Hand unter die Achsel schiebt, nicht davon abzubringen, dein gemächliches Aufstehen in ein ungemächliches Aufgestandenwerden zu verwandeln? Laß dir sagen, keinen schlechteren Dienst kannst du einem Alten erweisen, als ihm zu Bewußtsein zu bringen, daß er einer ist. Erzähle ihm, ich bitte dich, nichts von seiner erstaunlichen Frische! Zwänge ihm kein Kissen unters Gesäß, wenn er lieber hart sitzt! Rate ihm nicht zu Grießpapp, wenn er auf Knoblauchwurst Lust hat! Vom ‚Druck der Jahre' würde mancher, der sie auf dem Buckel hat, weniger merken, wären die guten Nebenmenschen weniger beflissen, auf den Druck zu drücken. Aber mach etwas dagegen! Trägt einer die Last des Alters leicht, so halten das die Leute für einen unnatürlichen Zustand, für eine Illusion, aus der der arme Mann gerissen werden muß... wenn sie's nicht geradezu als ein ganz besonders bedenkliches Alterssymptom ansehen."

„Nimm es nicht übel," sagte Phlotion, „aber..."

Anaxias winkte unwillig ab. „Unterbrich mich nicht, wenn ich im Zuge bin... Gewiß, der Spruch hat recht, der sagt: das Alter selbst ist eine Krankheit. Aber muß man sie den von ihr Befallenen bei jeder Gelegenheit zu Gemüt führen? Spricht man von einem, der mit den Nieren zu tun hat, konsequent als von einem Nierenleidenden! Oder von einem Phthisiker immer als: der Schwindsüchtige...? Nein. Aber ist von einem Alten die Rede oder Schreibe, fehlt nie ein Prädikat, das ihn an seine Krankheit, das heißt an sein Alter, festnagelt: der Greis; der Betagte; der Hochbetagte; und was es an Kosenamen dieser Spezies sonst noch gibt. Wahrhaftig, mich wundert's, daß sie unsereinen mit ‚Guten Abend' grüßen und nicht mit „Guten Lebensabend", damit man nur ja wisse, wo man hält. Ganz zu schweigen von dem perfiderstaunten ‚noch', das unweigerlich in die Texte einfließt, mit denen zu Geburtstagen, Jubiläen oder dergleichen ein Alter bedacht wird. Der alte Herr duscht sich noch jeden Morgen'; ‚der Hochbetagte ist noch ständiger Gast bei den Wagenrennen'; ‚der Greis trinkt noch seine zwei Kannen thrazischen Heurigen täglich'. Es liegt Vorwurf und Tadel in diesem scheinbar beifälligen ‚Noch'... Aber was wolltest du vorhin sagen, Phlotion?"

„Ich wollte fragen, ob dich das viele Reden nicht anstrengt. Und möchtest du nicht eine Decke über die Beine? Hier kommt es kalt herein."

„Höre", sagte Anaxias, „wenn du willst, daß wir Freunde bleiben, laß diese verdammten Faxen. Wenn mich das Reden anstrengt, höre ich damit auf, und daß frische Luft hereinkommt, ist mir angenehm... Gestern", setzte er seine Diatribe fort, „hatten wir eine junge Freundin meiner Frau zu Gast, und als sie sich zum Fortgehen fertigmachte, half ich ihr ihren Himation in den richtigen fließenden Falten um die Schultern legen. Bezaubernde Schultern, wie von Phidias modelliert! Nachher sagte meine Chloe, die es, weiß Zeus, gut mit mir meint: „Willst du noch immer den Galanten spielen, du alter Esel?' Ihr Götter, wenn sie wüßte, was ich noch alles spielen wollte und könnte! Die Frauen, das ist ein besonders tragikomisches Kapitel in der Geschichte vom alten Mann. Traum und Sehnsucht, ihnen geltend, machen ihn – auch wenn er von der Ehe und ihren sittlichen Bindungen freigeblieben ist – machen ihn der Umwelt, merkt sie etwas davon, zum Gespött. Aus seinem Olymp muß Eros verschwinden! Hat er es noch mit der Liebe, inbegriffen, versteht sich, deren profane Regungen und Wünsche, so wird er zur lächerlichen Figur. Und zu einer abstoßenden überdies. Denn es gilt als etwas Unsauberes bei einem alten Mann, ein Mann zu sein. Ich sage dir, Phlotion, von mir verlangen, daß mich fraulicher Reiz und Zauber nicht mehr in Herz und Nerven treffen sollten, hieße von mir verlangen, bei lebendigem Leibe tot zu sein." Als er so sprach, kam ein Glanz der Entzückung in seinen Blick, und ein Schimmer jugendlicher Schönheit breitete sich über sein unschönes, von tiefen Narben der Denk- und Lebensmühe zerrissenes Greisenantlitz; so daß Phlotion schon fragen wollte: „Hast du Fieber?“ Aber er besann sich und schluckte die Frage hinunter.

„Noch eines, mein Sohn“, sagte Anaxias lächelnd. „Wenn ich närrisches Zeug geredet habe, geschah es nicht mit Absicht. Wirr im Kopf nämlich wird der alte Mensch, ohne daß er dies wahrnimmt. Mit der Senilität ist es wie mit der Liebe: sie kommt und sie ist da. Und leider (oder soll ich sagen: den Göttern sei Dank?) liegt es in ihrem Wesen, daß sie dem, bei dem sie sich eingenistet hat, die Fähigkeit nimmt, ihre Anwesenheit zu bemerken.“

Damit erhob er sich und schritt, gefolgt von dem verwunderten Schüler, zum Ausgang der Schenke, wo Phlotion plötzlich schrie:

„Vorsicht, Anaxias, Stufe!“

„Hol dich der Teufel!“ murmelte der Philosoph, über die Stufe stolpernd, was ihm ohne des Schülers Warnungsruf bestimmt nicht passiert wäre.

ROBERT LEMBKE

Gedächtnislücke

ES IST EINE, meines Erachtens, unzulässige Vereinfachung, wenn Leute von sich behaupten, sie hätten ein gutes oder schlechtes Gedächtnis. Das Gedächtnis ist nämlich spezialisiert. Es gibt Leute, die sich Gesichter einprägen: und nie wieder vergessen. Dagegen haben sie echte Schwierigkeiten, wenn sie jemand nach ihrer eigenen Telefonnummer fragt. Natürlich ruft man sich selbst verhältnismäßig selten an, aber immerhin…

Ich gehöre zu den Leuten mit einem Nummerngedächtnis, aber ich habe Schwierigkeiten mit Gesichtern. Mein Friseur, zum Beispiel, der mir vor vielen Jahren die Haare geschnitten hat und dem ich jetzt eine Art Finderlohn bezahle, wird von mir sofort erkannt, wenn er in seinem weißen Kittel in seinem Laden steht. Wehe, wenn ich ihn – in Zivil – beim Bäcker treffe. Ich habe keine Ahnung, wo ich diesen Menschen, der mir sehr bekannt vorkommt, hintun soll.

Das ist überhaupt nicht komisch, möchte ich Ihnen sagen, für den Fall, daß Sie jetzt gelacht haben sollten. Im günstigsten Fall hält man Sie für arrogant. Aber es gibt wirklich zahllose, wesentlich schlimmere Folgen, und es ist einleuchtend, daß Menschen, die mit dieser Lücke geboren wurden, im Lauf der Zeit eine gewisse Technik entwickelt haben, um aus Gesprächspartnern unauffällig so viele Informationen herauszuholen, daß man ihn identifizieren oder wenigstens richtig einordnen kann. Die große Klippe am Anfang eines solchen Gesprächs ist der Umstand, daß man nicht sicher sein kann, ob man mit dem Gesprächspartner noch per Sie oder schon per du ist. Vielleicht sollte ich zum besseren Verständnis ein Mustergespräch wiedergeben, ein Gespräch, das ich vor ein paar Tagen mit einer netten Dame auf einer Party führte:

SIE: „Hallo!“
ICH: „Ja, so was, auch hier?“
SIE: „Das ist ja wohl kaum zu übersehen.“
ICH: „Natürlich, dumme Frage. Wie geht's denn so?
SIE: „Bist du mit dem Wagen da?“
ICH: (erleichtert, weil die Frage „du“ oder „Sie“ geklärt ist): „Ja, kann ich dich mitnehmen?“
SIE: „Wenn du nicht mehr zu lange bleibst…“
ICH: „Nein, wirklich nicht. In welche Richtung willst du denn?“
SIE: „Ja, nach Haus halt.“
ICH: (voller Sorge, weil hier offensichtlich von mir erwartet wird, daß ich die Adresse weiß): „Ich will aber noch am Bahnhof vorbei, die Zeitung kaufen.“
SIE: „Das macht ja nichts.“
ICH: (schon ziemlich verzweifelt): „Welche Strecke fährst du denn am liebsten?“
SIE: „Ach, um diese Zeit ist das egal. Vielleicht die Grünwalder?“
ICH: (mit einem letzten verzweifelten Versuch): „Übrigens hat mir meine Versicherung eine Rückzahlung angekündigt. Ich muß mir allerdings von jedem, den ich im Auto mitnehme, eine Bescheinigung unterschreiben lassen, daß er im Falle eines Falles oder Unfalls keine Ansprüche gegen mich stellt.“
SIE: „Ich finde das albern, aber bitte.“
ICH: (schreibe hastig eine Verzichtserklärung auf einen Zettel und reiche ihn gespannt zur Unterschrift hin.)
SIE: (unterschreibt.)
ICH: (lese: Lembke. Es war meine Frau.)

TERESA BLOOMINGDALE

Ich habe Angst vor dem Alter

MIR HAT IMMER vor dem Alter gegraut. Ich kann mir nichts Schlimmeres vorstellen, als alt und hilflos und vielleicht einsam zu sein; allein die Langeweile brächte mich um. Wie schrecklich muß es sein, den lieben langen Tag nichts anderes zu tun zu haben, als aus dem Fenster zu schauen, die Wände anzustarren oder, noch ärger, in den Fernsehapparat zu glotzen.

Als also unser Bürgermeister zu einer Senioren-Woche aufrief und uns bat, etwas Sonnenschein in das Leben unserer betagten Mitbürger zu bringen, beschloß auch ich, Gutes zu tun. Ich würde unseren Nachbarn besuchen, einen erst kürzlich verwitweten älteren Herrn im Ruhestand, der zu seiner verheirateten Tochter gezogen war, weil er, wie ich vermutete, zu alt war, um selbst für sich zu sorgen. Ich buk also einen ganzen Berg Brownies und ging dann, ohne mich vorher telefonisch anzusagen (manche alte Leute hören das Telefon ja gar nicht), die Straße hinunter, um dem alten Knaben einen frohen Tag zu bereiten.

Als ich klingelte, kam der „alte Knabe“ zur Tür, bekleidet mit Tennisshorts und einem Ralph-Lauren-Polohemd und so hinfällig wie ein Filmstar auf der Höhe seiner Karriere.

„Es tut mir leid, daß ich Sie nicht hereinbitten kann“, entschuldigte er sich, nachdem ich mich vorgestellt hatte, „aber ich muß um zwei im Racquet Club sein, ich spiele nämlich heute im Semifinale.“

„Oh, das ist aber fein“, stotterte ich. „Ich habe Ihnen ein paar Brownies gebacken...!“

„Großartig“, fiel er mir ins Wort und schnappte die Schachtel mit den Süßigkeiten. „Das ist genau das, was ich für meinen morgigen Bridgeabend brauche. Tausend Dank!“

„... und wollte einmal kurz bei Ihnen vorbeischauen. Aber es spielt ja keine Rolle. Dann geh ich eben mal über die Straße und besuche Oma Grady." (Oma Grady ist übrigens nicht meine leibliche Großmutter, sondern eine alte Dame, die seit eh und je in unserer Nachbarschaft wohnt und von jedermann „Oma" genannt wird.)

„Machen Sie sich nicht die Mühe, Oma ist nicht zu Hause. Ich habe sie gerade vorhin angerufen, um sie an unser Rendezvous zu erinnern – wir gehen nämlich heute abend tanzen. Sie dürfte zum Friseur gegangen sein, denn beim Frühstück hat sie erwähnt, daß sie sich für heute zum Haarefärben angesagt hat."

Beim *Frühstück?* Großer Gott! Der alte Knabe und Oma hatten doch nicht etwa... aber nein, sicher nicht! Nicht in ihrem Alter, das konnten sie doch nicht! Oder doch?

Ich wünschte ihm Glück für sein Tennismatch (obwohl mich sein Match mit Oma weit mehr interessierte) und verabschiedete mich.

Ich bin jedoch nicht so leicht zu entmutigen. Ich hatte beschlossen, an diesem Nachmittag einen alten Menschen zu besuchen, und zum Teufel, ich würde jemand alten finden, den ich besuchen konnte.

Ich rief die Cousine meiner Mutter an (die dreiundachtzig ist); sie war im Krankenhaus, wo sie im Geschenkartikelladen arbeitet.

Ich rief meine Tante an (die vierundsiebzig ist); sie war in China... als Reiseleiterin.

Ich rief den Onkel meines Mannes an (der neunundsiebzig ist); vergeblich, denn ich hatte ganz vergessen, daß er auf Hochzeitsreise war.

Schließlich erinnerte ich mich an die alte Schwester Margaret, eine Klosterfrau, die mich in der Volksschule unterrichtet hatte. Seit Jahren schon lebte sie in einem Altersheim für Klosterfrauen, wo ich sie bei Gelegenheit immer wieder besucht hatte. Nun aber war es schon einige Jahre her, seit ich sie das letzte Mal gesehen hatte. Ich fragte mich, ob die Gute nicht am

Ende schon so senil war, daß sie mich gar nicht mehr erkennen würde. Die Gute war nicht da.

„Wen suchen Sie?" hatte mich die Empfangsdame gefragt, als ich wissen wollte, ob ich Schwester Margaret jetzt besuchen könnte.

„Schwester Margaret", wiederholte ich und überlegte schon, ob die alte Nonne nicht vielleicht schon zu Gott heimgegangen war.

„Schwester Margaret... Schwester Margaret...", überlegte die Empfangsdame. „Ach, natürlich! Sie meinen Mercedes. Die ist diese Woche nicht da, sie ist auf Tournee."

„Mercedes?" ich verstand kein Wort. „Auf Tournee?"

„Mercedes ist der Künstlername von Schwester Margaret", wurde ich aufgeklärt. „Als sie Schauspielerin wurde, nahm sie den Namen Mercedes an. Sie war nämlich immer eine große Bewunderin von Mercedes McCambridge, und außerdem fand sie, daß Mercedes viel verführerischer klingt als Margaret."

„Schwester Margaret... ich meine Mercedes... ist Schauspielerin?" fragte ich, zu verblüfft, um mich zu wundern, wann die Klosterschwester wohl die Bedeutung des Wortes „verführerisch" gelernt haben mochte.

„Nun ja, eigentlich ist sie Produktionsleiterin", klärte mich die Empfangsdame auf. „Vor einigen Jahren rief sie einen Senioren-Theaterklub ins Leben, der sich zu einem Wandertheater entwickelt hat. Sie fahren mit ihren Aufführungen kreuz und quer durch das Land. Am Donnerstag kommt sie zurück... Halt, das stimmt nicht. Sie kommt zurück, fährt aber am selben Abend noch nach Washington D. C. Sie ist in der Seniorenkommission des Weißen Hauses, müssen Sie wissen."

Ich wußte es nicht, und ich kann mir nicht vorstellen, wie sie in diese Kommission gekommen ist, wo sie vom Altern doch sichtlich keine Ahnung hat!

Und ich will auch nichts davon wissen.

Mir graut noch immer vor dem Alter. Heute mehr denn je. Ich glaube einfach nicht, daß ich ihm gewachsen sein werde.

Nachweis der Texte

BLOOMINGDALE TERESA, Witz und Mutterwitz. © Paul Zsolnay Verlag Gesellschaft m. b. H., Wien/Hamburg 1987.
BRANDSTETTER ALOIS, Von der Größe der Kleinhäusler; Schinderhaus. Beide aus: Alois Brandstetter, Almträume. © Residenz Verlag, Salzburg.
BRECHBÜHL BEAT, Holunderbrei. Aus: Beat Brechbühl, Geschichten vom Schnüff. © Zytglogge Verlag Bern 1991.
HOHLER FRANZ, Die Grillparty. Aus: Franz Hohler, Hin- und Hergeschichten. © Nagel & Kimche AG, Zürich/Frauenfeld, 1986.
HORVÁTH ÖDÖN VON, Die gerettete Familie. Aus: Ödön von Horváth, „Gesammelte Werke". Band 2, © Suhrkamp Verlag, Frankfurt am Main 1971.
KÄSTNER ERICH, Der synthetische Mensch. Aus: Erich Kästner, Gesammelte Schriften für Erwachsene. Atrium Verlag, Zürich 1969. Copyright © by Erich Kästner Erben, München.
KREISLER GEORG, Die verfluchte Fantasie; Missverständnisse. Beide aus: Georg Kreisler, Worte ohne Lieder. © Nebelspalter-Verlag, CH-9401 Rorschach.
KUH ANTON, Das tägliche Zwiegespräch. Aus: Anton Kuh, Zeitgeist im Literatur-Café. © Verlag Kremayr & Scheriau, Wien.
LEMBKE ROBERT, Gedächtnislücke. Aus: Robert Lembke, Das Beste aus meinem Glashaus. © Langen Müller in der F. A. Herbig Verlagsbuchhandlung GmbH., München.
MOLNÁR FRANZ, Georg und die Liebe. Aus: Franz Molnár, Buben und Mädel. © Felix Bloch Erben, Verlag für Bühne, Film und Funk KG, Berlin.
NOACK BARBARA, Ich sitze mir gegenüber. Aus: Barbara Noack, Glück und was sonst noch zählt. © F. A. Herbig Verlagsbuchhandlung GmbH, München.
NOACK BARBARA, Wozu eine Mutter gut ist. Aus: Barbara Noack, Täglich dasselbe Theater. © F. A. Herbig Verlagsbuchhandlung GmbH, München.
POLANSKI FRANZISKA, In den Uffizien; Häppchenschizophrenie. Beide aus: Franziska Polanski, Herr Schneider platzt und andere normale Zwischenfälle. © Ullstein Verlag, Berlin.
POLGAR ALFRED, Das Kind; Wie macht der Winter froh; Die Handschuhe; Gespräch über das Alter. Alle aus: Alfred Polgar, Kleine Schriften. © 1983 Rowohlt Verlag GmbH, Reinbek.
QUALTINGER HELMUT, Gemeindebau, 4 Uhr früh. © Deuticke Verlag, Wien, und Thomas Sessler Verlag, Wien.
ROSEGGER PETER, Als dem kleinen Maxl das Haus abbrannte. Aus: Peter Rosegger, Als ich noch der Waldbauernbub war. Verlag L. Staackmann, Dietramszell-Linden.
ROTH EUGEN, Der Lebenskünstler; Kunst. Beide aus: Ein Mensch. Verlag Carl Hanser, © Dr. Thomas Roth, München.
SPOERL HEINRICH, Der Willi und ich. Aus: Das Schönste von Heinrich Spoerl, Seite 146-150. © R. Piper & Co. Verlag, München 1981.
TORBERG FRIEDRICH, Die Krautfleckerln der Tante Jolesch; Die Gastgeberin; Begründeter Verdacht. Alle aus: Friedrich Torberg, Die Tante Jolesch, © Langen Müller in der F. A. Herbig Verlagsbuchhandlung GmbH., München.
WAGGERL KARL HEINRICH, Die Pfingstreise. Otto Müller Verlag, Salzburg, 9. Auflage 1982.
WEINHEBER JOSEF, Der Phäake. Aus: Josef Weinheber, Wien wörtlich. Otto Müller Verlag, Salzburg.
ZYWULSKA KRYSTYNA, Das Tagebuch der Schwiegermutter. Aus: Krystyna Zywulska, Zu Ehren der Familie und andere Satiren. © F. A. Herbig Verlagsbuchhandlung GmbH., München.